성공한 리더의 제1원칙

기빙 파워

성공한 리더의
제1원칙

기빙 파워

GIVING

THE POWER OF GIVING AWAY POWER

POWER

매슈 바전 지음 | 이희령 옮김

 권력을 포기하는 리더는
어떻게 더 큰 힘을 얻는가?

월북

'리더십'이라 할 때 우리는 대개 명확한 목표를 설정하고 승리하기 위해 엄청난 에너지를 내는 파워풀한 리더를 연상한다. 과거 수직적 리더십에서 최근 수평적 리더십으로 변화하고는 있지만, 여전히 승리를 추구하고 위계적이며 예측을 중시하는 피라미드 모델에서 벗어나지 못하고 있다.

저자는 정해진 목적지가 아닌 가능성을 향해 움직이도록 가지를 치고 나가며 수많은 경로를 허락하는 별자리 리더십을 말한다. 이 리더십이 실제 현장에서 발휘되어 엄청난 영향력을 미친 사례와 본인의 경험을 이야기한다. 파워를 나누어줌으로써 창출되는 파워, 존중하고 권한을 부여하며 모두가 같이 참여함으로써 만들어지는 엄청난 가능성, 함께하는 자유, 고독하고 독단적인 '나' 중심 리더십이 아닌 구성원들이 연결되고 함께하며 진화하는 '우리'의 파워를 제시한다. 인간 개개인의 개성이 중시되며 불확실한 시대에, 리더십의 전환 방향을 제시하며 통찰과 영감을 주는 훌륭한 책이다.

신수정, KT엔터프라이즈 부문장, 『일의 격』 저자

설득력 있는 이야기와 어렵게 얻은 지혜로 가득하며 영감을 제공한다.

존 패브로Jon Favreau,
〈팟 세이브 아메리카Pod Save America〉의 공동 진행자

예측 못한 만남! 바전은 당신이 그동안 결코 알지 못했지만, 리더십에 진정으로 관심이 있다면 반드시 알아야 하는 사람들과 아이디어를 소개한다.

빈트 서프Vint Cerf, 구글 부사장, 인터넷 개척자

독창적이고 직관을 거스르는 리더이자 사상가인 저자가 제공하는, 통제 없는 질서와 혼돈 없는 자유의 창조에 관한 놀라운 책.

대니얼 H. 핑크,
『언제 할 것인가』, 『드라이브』, 『파는 것이 인간이다』의 저자

매슈의 리더십은 언제나 협조적이면서 자신의 팀을 찬양하는 스타일이었다. 이 멋진 책에서 그는 사람들의 사기를 북돋워서 전체 조직을 북돋는 방식이 가진 힘을 공유한다.

니콜 A. 아반트Nicole A. Avant,
TV 프로그램과 영화 제작자이자 바하마 주재 미국 대사

매슈 바전은 리더십에 관한 위대한 책을 처음으로 겸손하게 쓴 사람일 것이다. 이 책은 선물이다.

리처드 H. 탈러, 노벨 경제학상 수상자이자 『넛지』의 공동 저자

힘의 재분배는 우리 시대의 찬가다. 가능하다면 누구에게도 권력을 행사하지 않으려 했던 전 주영 미국 대사는 이를 새로운 시각으로 바라보게 한다. '돋보이면서도 어우러질' 자유를 모색하는 다양한 노동자와 팀원으로 구성된 '별자리'에 힘을 실어주기 위해, 바전은 위계질서를 버리자는 주장을 공감할 수 있도록 설득한다.

아니타 L. 앨런Anita L. Allen,
펜실베이니아대학교 법학대학원의 법학 및 철학 교수

계몽적이다. 당신에게 자신의 리더십 스타일을 냉정하게 돌아보라는 과제를 던진다.

스테이시 웨이드Stacey Wade,
님버스Nimbus의 CEO이자 수석 크리에이티브 디렉터ECD

고통스러울 정도로 만연한 리더십의 승패 이론을, 설득력 있고 공감되는 목소리로 반박한다.

드루 파우스트Drew Faust,
하버드대학교의 아서 킹슬리 포터 석좌교수이자 명예 총장

이 책은 우리 시대의 돌파구다. 아름답게 쓰였고, 완벽하게 시의 적절하며, 앞으로 나아갈 새로운 길을 예시한다. 수십 권을 사서 친구와 동료들에게 나누어주었다.

세스 고딘, 알트엠비에이altMBA의 설립자이자 『마케팅이다』의 저자

그가 말하는 별자리 이론은 정말 매력적으로 들린다. 이 책은 놀랍게도(그리고 참신하게도) 초당파적이다.

《월 스트리트 저널》

브라보! 서로 의심하고, 반목하고, 맹렬히 싸우는 요즘 시대에 우리 마음을 치유하며 영감을 불어넣는다.

켄 번스Ken Burns, 다큐멘터리 〈베트남 전쟁〉의 감독

리더십을 더 나은 방향으로 새롭게 구성할 심오한 잠재력을 가진, 대체로 잊힌 선각자들의 지혜를 돌아보는 매혹적이고 잊지 못할 여행.

제프리 로젠Jeffrey Rosen, 미국 국립헌법센터의 회장이자 CEO

이 책은 우리에게 지금 당장 필요한 강령이다. 바전은 파워를 공유하면 (직관과는 달리) 모든 사람의 영향력이 커지며 리더가 더 많은 일을 할 수 있음을 보여준다.

찰스 두히그, 『습관의 힘』, 『1등의 습관』의 저자

수십 년 동안 조직의 발목을 잡아온 관습에 훌륭하게 도전하며, 리더십을 모두에게 분산하는 전략을 명쾌하게 제시한다.

테드 서랜도스Ted Sarandos,
넷플릭스의 공동 CEO이자 최고 콘텐츠 책임자CCO

오늘날 도전에 직면하고 더 나은 미래를 만들기 위해 필요한, 공동의 리더십으로 나아가는 분명한 길.

웬디 콥Wendy Kopp, 티치포아메리카Teach For America의 설립자

우리가 각자 최선을 다하도록 하는 올바른 연대와 인류의 번영을 이끌어내는 비범한 책. 계몽적이며 두뇌를 일깨운다.

알랭 드 보통, 『왜 나는 너를 사랑하는가』, 『불안』의 저자

더 뛰어나고, 강하고, 현명하며 효율적인 리더가 되고자 한다면, 다른 사람들의 힘을 북돋우는 힘에 관한 이 매력적인 이야기를 읽는 게 좋다.

마이클 R. 블룸버그,
블룸버그LP와 블룸버그 자선재단의 창립자이자 전 뉴욕 시장

유쾌하게 역설적이고, 통찰이 깊다. 이 책을 읽고 다르게 리드하라.

앤 마리 슬로터Anne-Marie Slaughter, 뉴아메리카의 CEO

사업을 운영하는 사람이든, 나라를 다스리는 사람이든, 가족을 책임지는 사람이든, 모두에게 재밌고 유익하며 의식을 넓혀준다.

대니 메이어Danny Meyer,
쉐이크쉑의 창업자이자 유니언스퀘어호스피털리티그룹USHG의 CEO

바전 본인처럼 도발적이고 활력 넘치며 인간적인 책. 더 나은 리더십이 절실하게 필요한 오늘날 우리가 가야 할 길을 가리킨다.

제임스 스태브리디스James Stavridis,
전 미국 해군 제독이자 북대서양조약기구NATO 최고사령관

바전이 상쾌하게 외치는 '상호의존 선언'을 명심하라. 우리가 함께 스스로를 변화시켜 세상을 바꾸는 방법을 말하는 매력적이며 개인적인 리더십 입문서.

행크 마이어Hank Meijer, 마이어Meijer Inc.의 회장

아주 강렬한 경험담과 역사 이야기를 들려준다. 바전은 위대한 인물이 등장하는 리더십 신화를, 다른 사람들에게 힘을 실어주는 더 효율적인 리더십으로 대체할 근거를 예술적으로 제시한다. 즐겁고 상쾌한 책.

루이즈 리처드슨Louise Richardson, 옥스퍼드대학교 부총장

은총에 관한 이 보고서는 로켓처럼 빠르게 앞으로 나아가는 방법과, 오늘날 겉으로만 리더인 수많은 사람을 무력하게 만드는 문제를 어떻게 해결하는지 보여준다. 생생하고 후하며, 이따금 재치 있고 통찰력이 뛰어나다.

앤드루 솔로몬, 『한낮의 우울』, 『부모와 다른 아이들』의 저자

매우 시의적절한 책이자, 권력과 리더십이 세상에서 어떻게 작동해야 하는지를 보여주는 청사진. 이 책을 탐사하며, 힘이 서로에게 얽혀 있을 때 존재할 새롭고 고무적인 세상의 가능성을 엿볼 수 있다.

데이비드 아디아예David Adjaye,
미국 국립 아프리카계 미국인 역사문화 박물관의 건축가

B.B.B.에게

차례

비유는 자주 오해를 불러일으키지만,
그래도 우리에겐 가장
오해의 소지가 적은 방법이다.
새뮤얼 버틀러

사이먼 시넥이 보내온 편지

비전은 명확하다. 수많은 사람이 매일 아침 영감을 얻으며 잠에서 깨고, 어디에 있건 안전하다고 느끼며, 자신이 한 일에 충만감을 느끼면서 하루를 마무리하는 세상을 건설하기. 이런 세상을 건설할 유일한 방법은 우리가 함께 일하는 것이다. 하지만, 여기에는 한 가지 문제가 있다.

지난 수십 년 동안 우리 사회는 단호한 개인주의에 너무 큰 중요성을 부여해왔다. 말보로 광고에 나오는 고독한 카우보이의 이미지가 추구해야 할 이상향이 됐다. 우리는 가장 똑똑한 사람, '스트롱맨' 이미지를 대변하는 개성 강한 리더들을 모방한다. '성과가 뛰어난 개인'이 표준이 되면서 기업 구조는 야수에게 먹이를 주기 위해 변형됐다. 개인의 성과를 거의 배타적으로 인정하는 인센티브와 보상 시스템이 채택됐다. 승진 평가를 할 때 업무 윤리,

팀워크, 리더십이라는 특성들은 버려진 것처럼 보인다. 심지어 경영대학원들도 공모했다. 지난 수년간 그들은 당연히 가르쳐야 할 리더십을 가르치기보다 시장을 섬기기 위한 교과과정을 채택했다. 하지만 우리가 장기적 성과나 안정성, 혁신을 바란다면 이런 리더십 모델은 효과가 전혀 없다. 불행한 아이러니는 정반대의 모델도 효과가 없다는 것이다. 공감대 구축, 리더 없는 조직, 집단 리더십, 심지어 많이 홍보되는 '보텀업bottom-up(상향식)' 접근, 이 모두가 각각의 방식으로 부작용에 시달린다. 하지만 다행히도 우리에게는 또 다른 선택지가 있다. 바로 이 지점에서 『기빙 파워The Power of Giving Away Power』가 등장한다.

매슈 바전은 위대한 아이디어가 어디에서 나오는지 파악하며 수십 년을 보냈다. 파워를 나눠준다는 개념을 배운 즉시, 그는 이를 자신의 커리어에 적용했다. 그리고 성과를 거뒀다. 매슈의 아이디어는 씨넷CNET이 유력한 미디어 플랫폼으로 성장하는 데에 중요한 역할을 했다. 정치 캠페인에서 자금을 모으는 전통적인 방식에 도전하면서, 매슈는 5달러와 10달러 기부금으로 버락 오바마 상원의원이 힐러리 클린턴의 노력을 상당히 큰 폭으로 앞지를 수 있게 도와준 '스몰 달러/빅 이벤트' 모금 플랫폼을 개척했다. 또한 주영 미국 대사로서 그는 다른 대사들이 그때까지 하지 않았던 방식으로 파워를 나눠주었다. 그 결과 놀라운 아이디어들이 창안되었다.

나는 그가 주영 대사였을 때 그를 만날 기회가 있었고, 그의 생각에 감탄했다. 그와 이야기할 때마다 그가 하는 모든 말을 적으려고 종이와 펜을 서둘러 찾곤 했다. 그것이 내가 옵티미즘프레스 출판사와 함께 책을 써보라고 매슈에게 권유한 이유다. 그는 세상이 돌아가는 방식(파워가 작동하는 방식)을 더 잘 이해할 수 있도록 우리를 도우며, 그로써 우리가 비전에 더 가깝게 갈 수 있도록 해준다. 삶과 일에서 고무되고, 안전하고, 충만감을 느끼는 세상을 만든다는 비전 말이다.

파워를 건네라, 그리고 영감을 얻으라!

사이먼 시넥,
『스타트 위드 와이』, 『리더 디퍼런트』의 저자

서문

가식은 우리를 지치게 만든다.

그래서 우리 중 얼마나 많은 사람이 매일 아침 일어나 리더십의 기치 아래 딱 그런 가식을 부리는지 생각해보면 놀랍다. 우리는 마치 필연적으로 성공하게 될 결과를 향해 나아가는 듯이 굴면서 정확한 목적지가 어디인지, 그곳에 도달하려면 어떤 순서로 어떤 단계를 밟아야 하는지, 예상치 못한 장애물은 어떻게 제거해야 하는지 아는 척한다. 내내 자신감을 최고로 드러내면서 말이다.

2000년 한 해 동안 로드아일랜드의 역사협회부터 다국적기업 지멘스까지, 모든 유형의 기관은 다가올 수십 년을 내다보면서 '비전 2020'이라는 형태의 전략계획 보고서를 잇달아 내놨다.[1] 그 수많은 보고서는 완벽한 비전으로 회사와 지역사회, 국가의 미래를 내다볼 수 있는 척하고 싶은, 거부할 수 없는 유혹을 증명했다. 이 화려한 보고서들은 2020년에 우리가 무엇을 기대할 수 있으며, 다가오는 기회를 움켜잡기 위해 무엇을 해야 하는지 확신에 차서 상세하게 설명했다. 그해를 불과 2년 앞둔 2018년에 하버드 경영대학원은 "귀사의 '비전 2020' 리더십 개발 전략은 성공가도를 달리고 있습니까?"라고 질문하는 안내 자료를 발표했다.[2] 그리고 2020년은 마치 '오, 그래?' 하듯 맹렬한 기세로 도래했다.

마음 깊은 곳에서 우리는 확실성이 얼마나 얻기 힘든 것인지 안다. 심지어 '목표관리management by objective'를 주창하면서 처음으로 명성을 얻은 궁극의 리더십 구루 피터 드러커도, 리더들이 자기의 진정한 목표 중 기껏해야 10퍼센트밖에 알지 못한다는 점을 인정했다.[3] 하지만 당신은 여전히 끝없이, 가식과 예측에 필사적으로 매달린다. 왜일까?

가식이 주는 피곤보다 우리가 더 싫어하는, 그것도 훨씬 더 싫어하는 무언가가 있기 때문이다. 우리는 불확실성이 주는 긴장을 싫어한다. 가식은 우리가 불확실성을 제거하기 위해 지불하는 대가다.

따라서 우리는 미리 정해진 목표에서 거꾸로 작업을 계산하여 일하고, 측정할 수 없는 변수는 제거하고, '핵심성과지표'로 팀 구성원에게 과제를 부여하며 '대시보드'로 이 모두를 모니터링하고,

마치 기계를 돌리듯 계속 다이얼을 돌리고 맞추면서, 잘 정리된 조직도로 스스로를 안심시킨다. 그럴 수 있는 대상과 사람이라면, 무엇이건 누구건 상관없이 통제하고 파워를 행사해 스스로를 달랜다.

우리는 누가 파워를 가져가기 전에 비축해야 하고, 다른 사람들에게 휘둘러야 한다고 생각한다. 우리는 파워를 강화하고 지키는 리더십을 최고라고 평가하게 됐을 뿐만 아니라, 그것만이 진정으로 유일한 '리더십'이라고 믿기에 이르렀다.

얼마나 미친 짓인가.

불확실성을 대하는 사고방식(마인드셋)이 이와는 완전히 다른 리더도 있을까? 주위를 둘러보면 불확실성을 애써 무시하거나 피하거나 제거하지 않는 리더가 분명히 있다. 이들은 근본적으로 불확실성을 고려한다. 파워를 비축하거나 행사하지 않고, 오히려 그 반대로 파워를 나눠줌으로써 그렇게 한다. 그리하여 불확실성의 긴장을, 다양한 집단에 속한 사람들이 믿을 수 없을 만큼 커다란 뭔가를 함께 만들어나가도록 이끄는 에너지로 바꿔놓는다.

닷컴 스타트업과 오바마 대통령의 선거 캠페인, 국제 외교라는 서로 다른 세 분야에서 25년간 일하면서 나는 이런 사고방식을 가진 위대한 리더들을 목격했다. 그들은 주변 사람들과 보고, 생각하고, 느끼고, 행동하는 특정한 방식을 공유한다. 나는 이 리더들의 사고방식을 열심히 연습해왔다. 이런 사고방식은 우리 모두가 취할 수 있으며, 요즘 같은 시기에는 이를 갖춘 사람이 더 많아져야 한다고 확신한다.

2008년에 업무를 하면서 이 사고방식의 힘을 가까이서 지켜본 적이 있다. 미국 민주당의 대통령 후보 경선에서 힐러리 클린턴과 대결했던 버락 오바마의 선거캠프는 중요한 시점에 도달한 상태였다. 오바마가 뒤지던 상황을 뒤엎고 아이오와주의 첫 번째 경선에서 승리했지만, 뉴햄프셔주의 다음 경선에서 패했던 것이다. 전문가들은 즉시 물고 늘어졌다. 버락과 미셸은 약 1년 동안 아이오와주에 진을 치고 선거캠프 인원 다수를 배치해온 바였다. 하나의 주에 엄청나게 집중하고 약간의 운도 따른 결과 형세를 뒤집을 수 있지만 곧 클린턴 '머신'이 돌아가기 시작하면서 통상적인 정치 논리가 장악하게 될 것이 확실했다.

클린턴 팀은 약 10년 동안 각 주에서 핵심 지지자들을 단속해왔고, 이제 각 주의 실세들이 예상 표를 획득할 보병 군단을 차례차례 내보낼 터였다. 오바마 선거캠프가 어떻게 그런 정치적 피라미드의 검증된 수학에 대적할 수 있었을까?

오바마 캠프의 젊은 스태프 두 사람은 수십 년간 내려오는 현대 캠페인의 정설에 위배되는 급진적인 해결책으로 시카고의 캠페인 본부를 설득했다. 그들은 유급 직원이 거의 없는 여러 주에 파견되어, 똑같은 사실을 알아차렸던 것이다. 무급에다 훈련도 받지 않은 무명의 자원봉사자들에게 업무와 책임을 위임했는데도 통상적으로 나타나리라 예상되는 혼란이 없다는 사실이었다. 오히려 정반대였다. 업무와 책임을 나눠 주자 더 많은 자원봉사자가 등장해 더 많은 일과 책임을 요구하기에 이르렀다. 그런 상황은 계속해서 발생했다. 그래서 두 사람은 이렇게 제안한 것이다. 이 자원봉사자들을 유급 직원처럼 대우하면 어떨까?

하지만 더 급진적인 부분이 남아 있었다. 이들에게 '유권자 파일'에 접근할 권한을 주자는 것이었다! 이 파일은 가능성 있는 유권자가 누구인지, 어디에 사는지, 그들이 후보에게 투표할 가능성이 얼마나 되는지 등의 데이터가 담긴, 선거캠프에서 소중하게 보호하는 데이터뱅크였다.

캠페인 본부는 안 된다고 했다. 자원봉사자 중에는 경쟁 선거캠프에서 온 스파이도 있을 것이다. 분명히 클린턴 캠프를 위해 일하는 그 주의 실세들이 그 데이터를 주워 담을 것이고 결국 우리 계획을 훔쳐갈 거라는 견해였다. 하지만 두 스태프는 의견을 굽히지 않았다. 그런 상황을 예방할 수 없다는 사실은 인정하지만, 데이터 도용에서 오는 잠재적인 단점보다 권한을 위임받은 헌신적인 사람들의 성장하는 우주가 훨씬 더 가치 있다고 설득했다. 선거캠프를 개방하지 않을 거라면 분명 오는 사람들을 거절해야만 했다. 캠페인이 성장하도록 그저 에너지를 풀어놓는 것 외에 다른 방법은 없었다.

캠페인 리더들은 이 젊은 스태프들이 기적을 이루는 모습을 이미 본 터였다. 리더들은 이들을, 이들의 사고방식을 믿어보기로 결정했다. "좋습니다. 한번 추진해보세요." 결정은 만족스러웠다. 민주당 경선에서 승리했기 때문이다. 하지만 이러한 방식이 11월에 있을 대선에서도 먹혀들까? 지난 두 번의 선거를 이겼던, 전국적으로 통합된 상대 정당의 힘에 대항할 수 있을지가 시험대에 올랐다.

그날이 오자, 오바마 선거캠프는 예상 표를 획득하기 위해 모든 자원봉사자를 동원했다. 현장조직 분야에는 '플레이크 비율flake rate'이라는 유명한 수치지표가 존재한다. 일하기로 미리 약속한 자원봉사자들 중 약속을 어기고 나타나지 않는 사람들의 비율이다. 정말로 나쁜 경우에는 플레이크 비율이 80퍼센트까지 올라간다. 10명 중 8명이 이번 선거에 전혀 희망이 없다거나 승리가 확실하다고 생각해 나타나지 않는 것이다. 정말로 좋은 경우에는 플레이크 비율이 30퍼센트까지 낮아질 수도 있다. 경험상 우리는 50퍼센트를 예상한다.

선거일 밤 시카고에서 오바마 대통령의 역사적인 승리를 축하하면서, 우리의 플레이크 비율이 얼마로 판명됐는지 알고 싶어 현장팀 리더 중 한 사람에게 물어봤다. 그는 오바마가 그날 밤 승리를 거둔 주요 경합주 중 하나인 버지니아주에 있는 동료에게서 데이터를 막 받은 터였다. "비율이 없어요…. 아니 마이너스라고 말할 수 있겠군요…. 마이너스 50퍼센트요." 그가 보고했다. 잠깐, 뭐라고? 자원봉사를 약속한 사람 10명당 15명이 나타난 거라는 설명이었다. 약속을 어기고 나타나지 않기는커녕 새로운 사람들까지 데리고 온 것이다. 오히려 증식을 했다. 이처럼 다른 사고방식을 적용하여 캠페인은 산술적으로 새로운 영역에 도달했다. 플레이크 비율이 쓸모없어지게 만든 것이다.

더 많은 파워를 창조하기 위해 파워를 나눠주는 사고방식은 요즘 같은 때에 너무나 드물지만, 이 젊은 현장조직가들만 그랬던 것은 아니다. 우리 주변에는 언제나 나머지 사람들이 놓치는 것을 보는 관점으로 엄청난 차이를 만들어내는 이들이 존재한다.

이런 다른 사고방식으로, 어느 중간급 도시의 중간급 은행에서 일하던 중간관리자는 혼돈에 빠진 초기 신용카드 사업을 전 세계에서 가장 큰 영리사업으로 바꿔놓았다.

　이런 다른 사고방식으로, 앨라배마 출신의 한 상품 중개인은 난장판으로 보이는 인터넷에서 새로운 에너지를 발견했고, 세계에서 가장 부유한 기업을 물리쳤으며, 그 과정에서 인간 지식을 전달하는 세상에서 가장 큰 엔진을 퍼뜨렸다.

　그리고 이런 다른 사고방식으로, 한 주식 중개인은 오하이오주 애크런에 사는 어느 의사의 집을 방문했고, 그들은 대화의 중심에 불확실성을 둠으로써 서로를 치유하는 새로운 방법을 발견했으며 전 세계에서 규모가 가장 큰 중독 방지 플랫폼을 창조했다.

　하지만 이 리더들이 고통 없이 그 결과에 도달한 것은 아니었다. 다른 사람들에게 자신의 계획에 따르라고 강요할 때 초래되는 불가피한 좌절을 경험한 후, 그들은 본능적으로 혼자서 일하려 했다. 우리 모두 그렇게 한다. 하지만 결국 그 리더들이 각자 얻어낸 중요한 성찰은 동일했다. 그들은 독립이 그저 또 다른 형태의 의존, 자기 자신에 대한 의존일 뿐이라는 사실을 발견했다. 그들은 의존과 독립 둘 다를 넘어선, 더 강력한 무언가를 발견했다.

　그들의 도움으로 우리도 발견하게 될 것이다. 그리고 우리는 자기 시대의 대단히 영향력 있는 리더십 사상가였던 어느 여성의 안내를 받을 것이다. 그는 지적인 통역가이자 이 사고방식의 수호

성인이다. 실제로 드러커는 그가 자신의 구루였으며 리더들의 별자리에서 '가장 빛나는 별'이었다고 칭찬했지만,[4] 그는 역사에서 거의 지워졌다.

이 책에서 만나게 될 또 다른 인물은 이렇게 표현해볼 수 있겠다. 이 책에는 내가 나오지만, 이는 나에 관한 책이 아니다.[5] 이 책에는 당신이 나오지만, 이는 당신에 관한 책이 아니다. 이것은 당신과 나에 관한 책이며 그 자체로 하나의 인물인, 다시 말해 '함께인 우리'라는 제3의 존재에 관한 책이다. 나는 우리가 이 제3의 인물에게 파워를 나눠 주어 창조할 수 있는 파워에 관해 말하려 한다. 그 존재는 다시 나눠 받기 위해 우리에게 파워를 돌려주고, 이 되먹임은 반복될 것이다.

이 책의 내용은 하나의 아이디어와 사고방식에 관한 현실적이며 때로는 개인적인 역사다. 내 가장 존경하는 리더들을 규정하는, 말로 표현할 수 없는 어떤 것을 내가 점차 크게 깨달아간 연대기이자 거기에 이름과 형체를 부여하려는 시도다. 이 여행은 거의 잊힌 어느 구루의 이야기와, 스웨덴과 영국에서 미국 대사로 활동하고 오바마 대통령 선거캠프의 자문 역을 맡았던 내 삶의 이야기를 아우르면서 정치와 산업, 국경을 가로지르고 역사를 관통한다. 이 사고방식 덕분에 어떻게 세계적으로 가장 영향력 있는 기관들이 만들어지고 혁신이 일어났는지, 심지어 한 국가를 위한 세상에서 가장 위대한 아이디어가 어떻게 나왔는지 알게 될 것이다. 우선 이 아이디어에 관해서 이야기해보자.

1장
잃어버린 별자리

별자리 사고방식은
가지를 치고 나아가는
수많은 경로를 허용한다.

1776년 7월 4일, 미국이 독립을 선언했다.

이날 이루어진 선언은 사실 하나가 아니라 두 가지였다. 건국의 아버지들은 독립을 하는 데에만 고심하며 너무 많은 시간을 보내다 보니, 정작 새로운 국가로서 전 세계에 독립을 알리는 일의 기초는 깊이 생각해보지 않은 상태였다. 이제 그들은 독립이라는 새로운 실험을 말로 표현하는 것만으론 충분치 않다는 사실을 깨달았다. 심지어 독립선언문에 영원히 남게 될 단어들이라 해도 말이다. 진지하게 받아들여지려면 한 국가의 이미지가 투영돼야 했다. 따라서 이 세상의 모든 스타트업에게는 친숙하게 느껴질 움직임에 따라 그날 이뤄진 두 번째 공식적인 선언이 있었으니, 바로 로고가 필요하다는 것이었다.

엄밀히 말해 '로고'는 아니었다. 그들이 원한 것은 막 독립한 식민지들의 새로운 연합을 상징할 공식적인 '국새Great Seal'였다. 밀랍 위에 국새로 찍은 인장은 국내외 모든 협약과 선언을 장식할 터였다. 이 로고는 경멸의 대상이었던 영국 조지 3세의 직인을 대체할 예정이었다. 외국의 수도들과 뉴햄프셔부터 조지아까지 13곳 식민지에 사는 옹호론자들과 회의론자들 모두에게 힘과 단합을 투영해서 보여줄 로고였다.

앞으로 살펴보겠지만, 전쟁에서 승리하는 것보다 이 로고 디자인에 시간이 더 많이 걸렸다. 그리고 이 국새에 관한 이야기는 우리 중 많은 이가 지금도 겪는 바로 그 어려움을 극복하는 이야기이기도 하다. 즉 회사나 위원회, 지역사회에서 위계질서나 엄격한 권위 없이도 질서를 유지하는 방법을 말하는 이야기이자, 비효율이나 혼란 없이 자유를 누리는 방법에 관한 이야기인 것이다. 미국 건국의 아버지들은 독립independence은 차라리 쉬운 편에 속했음을 곧 깨달았고, 더 어렵지만 훨씬 바람직한 것, 즉 상호의존interdependence을 표현하는 방법을 배웠다. 그리고 그 과정에서 상호의존에 필요한 사고방식의 강력한 상징을 공표한 것이다. 일단 지금은 너무 앞서가진 말기로 하자.

1776년 대륙회의는 식민지 대표들이 되는 대로 서둘러 모인 곳이었고, 일을 처리하기 위해 의지할 만한 절차도 없었다. 대신 그곳에는 대륙회의 서기였던 찰스 톰슨Charles Thomson이 있었다. 당시 사람들에게는 떠오르는 스타였던 그가 지금은 완전히 잊혔다는 사실은 역사의 특이한 사각지대라 할 수 있다(그의 전기를 펴낸 출판사의 이름도 '잊힌책들Forgotten Books'이다). 독립선언문의 초판에 적힌 서명에는 오로지 두 사람만 등장한다.[6] 존 행콕과 찰스 톰슨이다.

톰슨은 벤저민 프랭클린, 토머스 제퍼슨, 존 애덤스가 속한 A팀에 로고 제작 업무를 넘겼다. 이 위대한 계몽 사상가 세 명은 가장 신성하고 추상적인 원칙들을 구체적인 단어로 독립선언문에 표현해냈고, 이는 오늘날까지 미국 초등학교 수업에서 암송되고 있다. 그렇다면 이 단어들을, 신생국에 영감을 불어넣을 강력한 이미지로 바꿔놓는 데도 성공했을까?[7]

글쎄….

팀원들이 모였을 때 이를 가장 먼저 시도한 사람은 프랭클린이었다. 그는 모세가 파라오에게서 탈출할 때 바다를 가르는 성서 속 긴박한 장면을 넣자고 했다. 그가 동료들에게 주장한 바는 직접 쓴 글에도 담겨 있다. "머리에는 왕관을 쓰고 한 손에는 검을 쥐고서, 지붕 없는 전차에 앉은 파라오를 압도하려고 모세가 바다 위로 손을 뻗친 채 해변에 서 있는 겁니다. 구름 속 불기둥에서 나오는 광선이 모세에게 쏟아지고요."[8]

여기서 직인의 지름이 5센티미터밖에 안 된다는 사실을 꼭 지적해야겠다.

두 번째로 나선 사람은 제퍼슨이었다. 제퍼슨은 동전처럼 국새를 양면으로 만들자고 제안했다. 앞면에는 성서 속의 장면을 넣자는 생각을 지지했는데, 다만 떠돌아다니던 이스라엘 민족 아이들을 꼭 그려야 한다고 주장했다. 뒷면에는 (어쩌면 그의 인종주의적인 이면을 드러낸 것일 수도 있지만) 앵글로색슨족을 영국에 정착시켰다고 전해지는, 사람들이 잘 모르는 전설 속 인물 헹기스트와 호르사 형제를 그려 넣자고 제안했다.[9]

애덤스는 고전을 택했다. 이탈리아의 유명한 그림에서 영감을 얻은 그는 편안하고 즐거운 꽃길과, 타인에 대한 의무를 다하기 위해 가야 할 거친 오르막길 사이에서 선택을 강요당한 위대한 헤라클레스를 그려 넣자고 제안했다.[10]

요약하자면, 그 시점에 미국의 가장 중요한 상징으로 선택된 세 가지는 물에 빠진 이집트인, 길 잃은 백인 아이들, 그리고 우유부단한 거인이었던 것이다.

그들의 뒤를 이어 혼란에 빠졌던 수많은 위원회가 그랬듯이, 그들도 컨설턴트를 고용했다. 컨설턴트는 직인 디자인에 공식이 있다며 네 가지 요소가 필요하다고 설명했다. 방패, 방패를 받쳐주는 어떤 것, 모토, 마지막으로 '문장紋章'이라고 불리는, 방패 위에서 전체의 핵심이 되는 요소였다.[11] 그들은 디자인에 관한 그 정형화된 제안을 순순히 따랐다. 식상하지만 안전했다. 하지만 모토 후보로 '여럿이 모여 하나로'•를 제안하자 돌연 활기를 되찾았다.[12] 열정적으로 고개를 끄덕이면서 말이다.

위원회는 그들이 합의한 디자인을 국회에 제시했다. 가장 중요

• E Pluribus Unum. 미국 독립운동에 참여한 어느 예술가가 고안한 말로 전해진다. 동등한 13개 주가 모여 하나의 국가를 이룬다는 건국 정신을 기리기 위해, 고대 그리스 철학자 헤라클레이토스의 "하나는 모든 것으로 이뤄져 있고 모든 것은 하나에서 나온다"라는 격언에서 끌어왔다.

한 인물들이 관여했는데도 찰스 톰슨과 동료들은 그 디자인을 전혀 마음에 들어 하지 않았다. 바로 거부하진 않았지만, 톰슨은 그 안을 투표에 붙이자고 요청했다. 당시 위원회에서 투표는 사실상 '무기 연기'라고 볼 수 있었다.[13] 전쟁이 계속되면서 로고 제작 프로젝트는 그 후 3년 반 동안 중단됐다.

1780년 톰슨은 2차 위원회에 자료를 넘겼고, 그들은 몇 주간의 고전 끝에 (당연하게도) 프랜시스 홉킨슨이라는 컨설턴트를 고용했다. 그는 1777년에 미국 국기를 정비하고, 독립선언문에도 함께 서명했던 사람이다. 홉킨슨은 1차 위원회에서 나온 구성 요소들로 다시 작업했지만 직인 앞면의 문장 부분에 주요한 혁신을 도입했고, 이 문장은 국새의 두드러진 특징이 됐다.

그 디자인은 위와 같았다.[14]

홉킨슨의 깃발에서 별들의 질서 있는 배열보다 더 인상적인 것은, 별들이 13개의 주를 상징할 뿐만 아니라 독립적인 동시에 하나라는 '상호의존'을 대변한다는 점이었다. 의도적으로 비대칭을 이룬 배열은 새로운 아메리카 방식의 정수를 표현했다. 버지니아와 같은 큰 별들과 로드아일랜드 같은 작은 별들이 각자 고유하지만 더 큰 전체로 연결돼 있다.

홉킨슨은 이를 '빛나는 별자리'라고 불렀다.[15]

그 디자인은 인상적이고 아름다웠으며, 미국의 고유성과 야심을 반영했다. 아울러 그 디자인은… 달랐다. 사자나 호랑이, 검이 등장하지 않았다. 대표단에게는 그것이 다소 지나치게… 과감하다는 인상을 줬다. 전쟁 중에 열린 1780년의 대륙회의는 그런 과감함을 받아들일 준비가 되지 않은 상태였다. 독립선언문에 서명은 했을지 몰라도 어쨌든 홉킨슨은 대가를 돈 대신 와인으로 달라고 요구한 괴짜이기도 했다. 톰슨은 프로젝트를 위원회로 되돌려 보냈다. 프로젝트는 다시 활력을 잃었지만, 톰슨은 이를 놓아버리지는 않았다. 미국 국회도서관에 보관된 톰슨의 공식 의사록 여백을 보면 여러 버전의 직인을 그린 낙서가 발견된다.[16]

2년 후, 미국독립혁명을 마무리할 평화회담이 파리에서 진행됐고 이제 압력이 서서히 커지고 있었다. 건국의 아버지들은 평화조약에 찍을 새로운 국새가 필요했다. 톰슨과 대륙회의는 과제를 완수하기 위해 또 다른 위원회를 구성했다.

삼세번에 득한다던 행운은 오지 않았다. 위원회는 역시나 또 다른 컨설턴트를 불러들였다. 그 컨설턴트는 전통적인 대상으로 회

기빙 파워

귀했다. 구세계 전령의 표본인 흰죽지수리였다. 상징은 다른 누구의 것도 아닌, 와인으로 보수를 받고 싶어 했던 프랜시스 홉킨슨이 고안한 유럽 화폐에서 빌렸지만 뒷면에서는 이번 것이 더 대담해서 '힘과 지속성'을 상징하는 13단 피라미드를 선택했다.[17]

완벽을 갈구하는 끝없는 노력을 상징한다는 의미에서 꼭대기 부분은 미완성으로 뒀다. 하지만 위원회는 맨 위의 빈 공간을 무언가로 채우고 싶어 했다. 누군가 야자수를 제안했지만 위원회는 첫 번째 위원회가 남긴 노력의 일부였던, 삼각형 안에서 만물을 꿰뚫어 보는 섭리의 눈을 더 선호했다.

압박을 받는 중에도 국회는 뭔가 잘못됐다는 것을 알고 있었다. 톰슨은 시간에 쫓기는 데 더해 일이 제대로 진행되지 않는다는 현실과도 직면해야 했다. 그는 이번 기회가 어떤 의미를 지녔으며 거기에 무엇이 달렸는지 이해했다. 전 세계가 지켜보고 있었다.

그는 자유의 진정한 신봉자였다. 왕이나 엄격한 위계질서가 없어도 사람들은 함께 자유로울 수 있다고 확신했다. 경력 초반에 아메리카 원주민들과의 분쟁을 해결하라는 요구를 받았을 때, 그는 델라웨어 부족에게서 명예 부족원 자격을 얻은 것은 물론 '진실을 말하는 자'라는 이름을 부여받기도 했다.[18] 제퍼슨 앞에서 노예제도는 "폐지돼야 하며", "우리가 제거해야 할 암종"이라고 말하곤 했던 그는 평생 노예제에 반대하면서 자신의 신념을 증명

했다.[19]

그는 상호의존만이 가진 특성을 알고 있었다. 컨설턴트에게 아웃소싱할 수 없는 그만의 중요한 성찰이었다. 이제 그의 임무는 위원회에서 각자가 의견을 표명하고 홀로 만들 수 있는 것보다 더 큰 무언가를 만들어내도록 도와주는 것이었다. 그는 모든 디자인을 펼쳐놓고 젊은 현지 예술가를 불러들여, 자신의 아이디어를 가미하면서 구성 요소들의 짝을 맞추기 시작했다.[20]

독창성을 원했던 1차 위원회의 소망에 부응하고자 그는 사람 형상을 제거하고, 독수리를 문장 아래로 옮겨 단독으로 방패를 떠받치도록 했다. 그 독수리가 흰머리수리임을 명확히 드러내면서도 전체 디자인에서 훨씬 눈에 잘 띄게 만들었다. 언어의 마술사였던 A팀의 디자인 아이디어는 전혀 채택하지 않았지만, 그들의 모토였던 '여럿이 모여 하나로'를 선택해 그들의 어휘를 100퍼센트 유지했다.

그러자 앞면에 넣어야 할 구성 요소는 하나밖에 남지 않았다. 바로 전체의 핵심인 문장이었다.

담대함은 확보됐다고 그는 판단했다. 당시 국회는 홉킨슨의 놀랍도록 아름답고 차별화된 '빛나는 별자리'를 이제 받아들일 준비가 돼 있었다. 홉킨슨에게 그 별자리는 부분적으로는 13개의 식민지를 상징했다. 톰슨에게도 그 별자리는 다른 국가들과의 무역과 조약에서 미국이 적절한 자리를 차지함을 상징했다. 두 사람

기빙 파워

모두에게 가장 중요한 것은 이 별자리가 이 새로운 국가가 가진 개념, 즉 '각자 홀로 이룰 수 있는 것보다 더 큰 무언가를 성취하기 위해 협력하고 행동하기로 자유롭게 선택한 독립된 주체들'이라는 개념을 북돋우는 상징이라는 점이었다. 하나의 별로서 각자 돋보일 수도 있지만 동시에 더 큰 단위인 별자리의 일부가 될 수도 있다는 것이다. 그리고 더 많은 별이 들어올 공간도 있지만, 별들 간에 새롭고 다양하게 연계할 수 있는 공간도 제공하는, 확장이 가능한 이미지라는 점도 똑같이 중요했다.

그는 피라미드 위에 만물을 꿰뚫는 섭리의 눈이 자리한, 3차 위원회가 만든 국새 뒷면도 보존할 가치가 있다고 생각했다. 거기에는 '자손 만대의 새로운 질서Novus Ordo Seclorum'와 '신께서 우리가 하는 일을 좋아하시니라Annuit Coeptis'라는 두 개의 모토를 더 추가할 공간도 있었다. 피라미드가 통합되고 집중된 권력을 상징하는 만큼 건국의 아버지들은 피라미드를 선호하는 사람들에게 항상 의구심을 가졌지만, 톰슨은 '힘과 지속성'이라는 의미를 전달한다는 점에서 이를 선호했다. 특정한 위기의 순간이 오면 미국에 상의하달식 결속이 필요할 수도 있으니까. 피라미드는 국새 뒷면에 자리를 잡았다. 톰슨의 스케치는 다음과 같다.[21]

독립 선언으로부터 6년 후인 1782년 6월 20일, 미국 국회는 국새 디자인을 만장일치로 즉시 승인했다. 그들은 신속하게 국새 앞면을 놋쇠로 찍어냈다(하지만 뒷면은 같은 방법으로 찍을 생각조차 하지 않았다).[22]

이 디자인은 240년이 지나서도 그다지 변하지 않았다.[23]

기빙 파워

거의 같은 시기에 톰슨은 벤 프랭클린에게 보낸 편지에서, 전쟁에서 이길 수 있을지는 결코 걱정하지 않지만 "우리가 승리를 받아들일 준비가 되기 전에, 그리고 상호의존적으로 행동하는 데 필요한 국가 원칙과 습관, 정서를 습득하기 전에 승리가 다가오는 것"이 두렵다고 썼다.[24]

승리는 그렇게 일찍 오지 않았다. 별자리의 이미지를 길잡이 삼아, 국회는 서로 협력하면서 헌법을 만들었고 이를 승인했다. 엄밀히 말해 헌법은 각 주와 시민들, 연방 정부가 서로에게 절대적으로 의존하거나 독립하지 않으면서 고유의 별자리로 연결돼 있다는 미국의 원칙을 품었다.

대표단은 논의 끝에 순환직인 국회의장석[25]을 만들어냈고, 그 직책을 위한 또 다른 직인을 채택했다.[26] 그 직인에는 면이 하나뿐이었다. 이미지와 모토도 하나씩이었는데, 바로 별자리와 '여럿이 모여 하나로'였다.

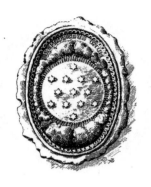

1782년 국회의장석 직인의 스케치. 읽기는 다소 어렵지만,
맨 위편에 '여럿이 모여 하나로E Pluribus Unum'라고 쓰여 있다.

'1787년 9월 17일'은 1776년 7월 4일과 같은 울림을 주진 못하겠지만, 국회가 미국 헌법 최종본에 서명한 날이고 실제로 많은 측면에서 더 신성한 날이었다. 독립 선언은 어떤 혁명가 집단이든 할 수 있다. 하지만 별자리로 대변될 아이디어를 실현할 정부와 법률 체제를 발명해낼 수 있는 혁명가 집단은 하나뿐이었다. 이날이야말로 미국의 진정한 독립기념일로 기억돼야 한다.

톰슨은 1774년부터 새로운 헌법에 따라 조지 워싱턴이 대통령으로 선출될 때까지 15년간 대륙회의의 모든 반복되는 과정을 지속적으로 보필한 유일한 사람이었다. 어느 전기 작가는 톰슨을 최초이자 유일한 미국 수상이라고 부르기도 했다.[27] 국회는 그에게 마지막 공적 업무로 말을 타고 가서 워싱턴에게 미국의 첫 번째 대통령으로 선출됐음을 알리고, 국새로 쓰일 놋쇠 직인을 전달하

기빙 파워

여 이를 공식화해달라고 요청했다.

　워싱턴은 대통령으로서 먼저 새로운 헌법상의 정부를 위해 항해하는 광고판이 되어줄 신규 해군 호위함 다섯 척을 임명하고 이름을 붙였다. 성서나 고전의 주제를 떠올렸을까? 특정한 영웅이나 추상적인 원칙에서 따와 명명했을까? 그러지 않았다. 호위함들은 새로운 미국의 창조물들을 따라 각각 USS 미합중국, USS 헌법, USS 대통령, USS 국회, 그리고… USS 성좌로 명명되었다.[28]

패턴은 지속된다

미국 정신의 위대한 기록자였던 프랑스인 알렉시 드 토크빌Alexis de Tocqueville이 1825년 미국을 방문했을 때, 그는 미국의 모든 면모에서 상호의존의 별자리Constellation 패턴을 관찰했다(워싱턴이 그랬듯 이러한 '별자리'의 앞 글자는 대문자로 표시하기로 한다). 그는 미국이 유럽 국가들과 얼마나 다른지를 보고 놀랐다. 전통적으로 안정성과 지속성, 힘을 상징하는 돌이나 벽돌로 지어진 것이 거의 하나도 없었기 때문이다. 잠시도 가만있지 못하고 유연하게 움직이는 시민들은 많은 건물을 목재로 지었다. 그는 미국의 마법이 결코 물질적인 것에 존재하지 않으며, 정신적인 것에 있음을 깨달았다. 계량화하기는 어렵지만 실질적 영향은 강력했다. 미국에는 에너지가 있었다.

그 에너지의 순수한 양만큼이나, 단합해서 이를 활용하는 능력이 인상적이었다. 다른 나라였다면 정부나 왕실의 관심에 의존하거나 사람들 각자에게 맡겨질 일을, 미국에서는 국민이 공유하는 '원칙과 습관, 정서'(톰슨이 언급한 바)를 토대로 해결하기 위해 별자리가 형성됐다. 토크빌은 모든 규모의 영역에서 이런 패턴을 발견했다. "미국인들은 나이와 상황, 마음에 상관하지 않고 끊임없이 힘을 합쳤다. 그들에게는 모두가 참여하는 상업 및 산업 관련 협회는 물론, 종교적인 협회와 도덕적인 협회, 중요한 협회와 무익한 협회, 매우 일반적인 협회와 매우 특정한 협회, 방대한 협회와 매우 규모가 작은 협회 등 종류가 서로 다른 협회가 수천 개 있었다."[29]

물론 그는 미국 남부의 농장들에서 나타난 위선적이고 사악하며 미국답지 않은 측면도 간과하지 않았다. "현재 시점에서 본다면 전 세계에서 가장 자유로운 사람들이 사는 나라에서, 문명화된 기독교 국가들 중 거의 유일하게 노예제를 아직도 운영한다는 사실에 나는 고통과 놀라움을 느꼈다."[30] 하지만 그는 미국 대부분의 곳에서 지위와 사회적 질서에 관한 불확실성이 장점으로 바뀌었다는 사실을 발견했다. "그들은 다른 국가의 습성이 자신의 사고에 미칠 수도 있는 영향력을 쉽게 떨쳐낸다. … 미국은 모든 것이 끊임없이 굴러가고, 모든 움직임이 발전으로 보이는 놀라움의 땅이다."[31]

전통적인 권력을 파괴함으로써 미국은 엄청난 에너지를 쌓아가고 있었다. 이들 원칙과 습관, 정서의 별자리 패턴은 상당히 작은 많은 행동으로 큰일을 이뤄냈다. 사람들은 각자 행동에 생기와 의미를 부여했다. 그리고 이 패턴이 그저 민주주의를 작동시키는 데만 기여한 것은 아니었다. 기업이 번영하고 사회적·종교적인 삶이 번창하도록 만들기도 했다.

피라미드가 들어오다

하지만 에너지 넘치는 이런 별자리 문화가 미국인들의 삶에 계속해서 침투하는 동안, 그 옆에는 다른 구조가 나란히 형태를 갖추기 시작했다. 대량생산으로 기능인들이 노동자로 바뀌면서 기계의 효율성을 반영한 새로운 유형의 위계질서가 등장했다. 이렇게 굳어진 질서는 1920년대까지 엄청난 부의 집중을 가져왔다. 하지만 그것은 대공황이 닥쳐와 시스템 전체가 붕괴될 때까지만이었다.

국새가 승인됐을 때, 별자리가 있는 앞면은 즉각 금속으로 그 본을 뜬 바 있다. 하지만 당시에 피라미드가 있는 뒷면의 본을 뜬 적은 단 한 번도 없었다. 뒷면의 본을 뜨게 된 건 국새가 만들어진 지 150년이 지나서였고, 그것도 오로지 한 남자와 책 한 권의 우연한 만남 덕분이었다.

때는 1934년으로 대공황이 심화되던 중이었다. 장소는 백악관과 도로 하나를 마주하며 국무부와 전쟁부, 해군이 입주한 어느 빌딩 내부 깊숙한 곳이었다. 프랭클린 루스벨트 대통령은 미국이 다시 성장하고 전진할 수 있도록 뉴딜 정책을 집행하던 중이었다. 농무부 장관 헨리 월리스는 회의를 앞두고 국무부 대기실에 앉아 있었다. 그의 눈에 띈 것은 1876년에 개국 100주년을 기념해 국무부가 발간한 『미국 국새의 역사The History of the Seal of the United States』라는 책이었다.[32]

월리스는 기다리면서 그 책을 훑어보았고, 국새에 뒷면이 있다는 사실을 알고서 놀랐다. 솔직히 누가 알았겠는가? 순간 그는 피라미드 밑에 쓰인 '자손 만대의 새로운 질서'라는 모토를 발견하고 흥분했다. 초등학교 시절 라틴어를 조금 배웠던 그는 그 문구가 '자손 만대를 위한 뉴딜New Deal for the ages'로 해석될 수 있다고 생각했다. 그는 루스벨트 대통령에게 보여주려고 그 책을 계속 가지고 있었다. 그의 상사는 이 이야기를 아주 좋아할 터였다!

실제로 루스벨트 대통령은 그 이야기를 좋아했다. 새롭게 발견된 국새의 뒷면은 그의 니즈를 완벽하게 충족했다. 피라미드는 힘과 지속성, 위계적 노력을 대변했다. 그리고 미완성이긴 했지만 피라미드는 거의 다 만들어진 상태였다. 새롭게 해석된 '자손 만대를 위한 뉴딜'에 더해서, 만물을 꿰뚫는 섭리의 눈 위에 적힌 두 번째 모토 '신께서 우리가 하는 일을 좋아하시니라'는 그들을 더

욱 고무했다.

루스벨트 대통령은 많은 일을 최대한 신속하게 처리했다. 미국의 국내총생산은 1929년부터 1930년까지 1년 간 거의 반토막이 났으며, 실업률은 약 1000퍼센트나 치솟았다. 최초의 취임 연설에서 그는 "이 비상사태와 전쟁을 벌일 수 있도록, 사실상 적국이 침략했을 때 주어질 정도의 거대한"³³ 비상 권력을 자신에게 달라고 요청했다.

루스벨트 대통령은 워싱턴에 권한이 집중된 대규모의 프로그램들로 거대한 국가적 위기와 싸우기로 결심했다. 피라미드로 피라미드와 싸우려 한 것이다. 그리고 그는 통합된 권력의 상징인 피라미드를 대중에게 공개하고 싶어 했다. 요행히도 그때 미국 재무부는 1달러 지폐를 새로 찍어 내려고 했다. 루스벨트 대통령은 새로운 지폐를 출시하는 김에, 150년의 휴면기 이후에 온전히 양면을 가지게 된 국새를 새롭게 소개하자고 재무부에 제안했다.

재무부는 협조했다. 국새가 만들어진 후 처음으로 양면이 전시됐다. 이제 미국은 새로운 지폐 도안을 통해 권력의 두 가지 원천을 동등하게 표현할 예정이었다. 상호의존적 국가의 새로운 에너지를 대변하는 별자리와, 통합된 권력하에서 다른 종류의 안정성을 대변하는 피라미드를. 비록 그 안정성이 권위에의 의존을 의미한다 해도 말이다.

재무부는 승인을 위해 다음과 같은 실물 견본을 루스벨트에게

보냈다. 혹시 어딘가 이상한 부분을 발견했는가?

위 사진에서 루스벨트 대통령이 손으로 적은 내용을 자세히 살펴보라.[34] 그는 새로운 지폐를 승인했지만 (그가 낙서한 삼각형 근방에 보이는) 한 가지 조건을 달았다. 피라미드를 먼저 넣으라는 것이었다. 그리고 재무부에서는 그렇게 했다. 그 결과로 오늘날까지 남게 된 견본은 다음과 같다.

분명히 밝히자면, 루스벨트 대통령이 단일 구조의 이 거대한 상징을 기치로 삼아 미국을 새로운, 위계적 방향으로 밀고 나가겠다고 의식적으로 결정한 것은 아니었다. 하지만 루스벨트 대통령의 선택은 미국인들의 사고방식에 빠르게 일어나고 있던 매우 실질적인 변화를 드러냈다.

기빙 파워

피라미드 사고방식은 미국이 더딘 회복 과정을 견디게 해줬을 뿐만 아니라, 대공황에 이어 2차 세계대전이라는 또 다른 위급 상황이 찾아왔을 때 다시 소환됐다. 2차 대전은 제조업의 대거 동원, 더 높아진 세금, 심지어 더 비대해진 국가기관, 중앙집중식 징병제도를 불러왔다.

냉전 체제가 자리를 잡았을 때, 미국은 축하할 시간도 거의 없었다. 서구 군대들이 그랬듯이, 국내 정치권력은 워싱턴 D.C.로 통합됐다. 초강대국이 탄생한 것이다. 권력을 웅장하게 드러내 보이는 것은 냉전 체제라는 게임에서 점수를 올리는 일이었다. 이 시점에는 통합된 권력이 이끄는 방식에 별자리 사고방식이 틀림없이 굴복했다. 실제로 피라미드가 우선이었다.

피라미드 대 별자리

피라미드Pyramid(이 역시 앞 글자를 대문자로 써야만 공평할 것이다) 사고방식과 별자리 사고방식의 차이점은 조직 구조를 훨씬 넘어 선다. 이 두 사고방식은 사람들과 우리를 둘러싼 세계를 대하는 다양한 방식을 아우른다. 이에 따라 우리는 스스로를 재조직하면 서 자신을 변화시키기도 한다.

피라미드 사고방식 안에서 우리가 생각하고 이해하는 방식은 다음과 같다. 업무를 보며, 혹은 평소에도 사람들을 기능에 따라 구분한다("만나서 반갑습니다. 무슨 일을 하시죠?"). 설정된 목표에서 부터 거꾸로 계산해 세부 계획을 수립한다("좋은 생각이군요. 하지 만 그 계획을 고수합시다"). 아웃풋을 예측 가능한 선에 묶어두기 위 해 과제를 정의한다("사업부의 목표가 5X가 될 수 있도록 자네의 핵심 성과지표를 X로 설정했네"). 구조, 효율성, 예측 가능성, 거기서 파생 되는 권력에 관심을 고정하여 불확실성을 제거하려고 노력한다. (안팎을 나누든, 위아래를 구분하든, 업오어아웃*정책을 따르든) 이런 사 고방식은 본질적으로 위계적이며 그 방식이 설정한 명확한 경계 선 바깥을 보는 우리 능력을 약화한다.

---

*   up-or-out. 위계적 조직에서 일정 연한 내에 승진하지 못한 구성원은 그 조직을 떠
    나야 한다는 원칙.

별자리 안에서 사고할 때는 매우 다르다. 별자리 사고방식에서 우리는 정해진 목적지가 아니라 가능성을 향해 움직이도록 스스로를 설정하면서, 가지를 치고 나아가는 수많은 경로를 허용한다. 가능성은 같은 마음을 가진 사람들의 에너지를 끌어당긴다. 참여는 자발적이다. 리더십은 진화하는 니즈가 이끄는 대로 흘러간다. 비전 그리고 호혜적인 헌신과 더불어, 권력은 나뉜다. 그런 다음 성장하고, 이어서 더 많이 되돌아온다.

양쪽 다 자유를 제공하지만 그 종류가 매우 다르다.

피라미드 사고방식은 어떤 것에서 '벗어나는from' 자유를 제공한다. 위계질서 아래에서 강화된 의존은 외부 위협에 대응하는 특정한 종류의 안전을 제공한다. 덜 명백하지만, 독립된 상태에서도 피라미드 사고방식은 우리와 함께한다. 스스로 자립적이며 고유한 미니 피라미드(마치 미국 국새의 큰 피라미드 위쪽에 있는 작은 피

라미드)가 되어 모든 것으로부터 벗어나는 자유를 상상한다.

한편 별자리 사고방식은 누군가와 '함께하는with' 자유를 준다. 공유하는 원칙과 습관, 정서를 바탕으로 다른 사람들과 조화를 이루면서 각자 자유롭게 행동한다. 이 사고방식은 선택권을, 그리고 다른 종류의 안전과 안정성이 있는 자율성을 제공한다.

거미줄과 장벽

우리가 속성으로 다룬 미국 역사 이야기는 아직 끝나지 않았다. 미국이 피라미드 모드에 정착하면서 상황은 새로운 경로를 따라 전개됐다. 베를린장벽이 무너지고 월드와이드웹이 떠오른 1989년에는 모든 것이 다시 변하는 듯 보였다. 수십 년에 걸친 뜨겁고도 차가웠던 국가 비상사태가 끝나고 더 큰 평화와 자유, 번영을 누릴 기회의 새로운 시대가 다가오고 있음이 분명했다. 미국은 원래의 별자리로 돌아갈 수 있을까? 아니면 피라미드가 우리 자신과 우리를 둘러싼 세계를 이해하는 기본값으로 설정되었을까?

베를린장벽이 무너지고 몇 년 후에 로버트 퍼트넘은 「나 홀로 볼링: 미국 사회적 자본의 쇠퇴Bowling Alone: America's Declining Social Capital」라는 에세이를 썼다. 여기서 그는 공들인 조사를 통해 찰스 톰슨의 별자리 '원칙과 습관, 정서'가 퇴보했음을 보여줬다. 아무래도 피라미드가 옛 방식을 완전히 몰아내버리고 영원히 권력을 장악할 듯했다. 하지만 몇 년 후인 2000년, 그 에세이를 바탕으로 퍼트넘은 『나 홀로 볼링: 사회적 커뮤니티의 붕괴와 소생』이라는 책을 출간했다. 당시는 닷컴 붐이 최고조에 달했을 때였고, 월드와이드웹이나 이메일, 인터넷으로 새롭게 가능해진 다양한 기술은 어쨌든 별자리를 향한 희망이 있을지도 모른다는 가능성을 시사했다.

그 과정에서 우리 모두는 톱다운top-down식 위계질서의 한계를 다루는 요령을 터득했다. 이후로 기업부터 정부, 비영리단체까지, 모든 분야를 더 개방하고 팀 중심으로 운영하면서 이곳저곳을 뜯어고치는가 하면 지시 매뉴얼 없이 창조와 혁신을 이루기 위해 더 많은 자유를 제공한다. 우리는 다른 사람과 함께하는 더 많은 자유를 갈망한다. 하지만 이렇게 정교해지고 더욱 노력함에도 과거로 계속 퇴보하고 있다.

이는 설령 의도는 바꿀 수 있다 해도 관점은 바꿀 수 없기 때문인 듯하다. 이것이 내가 말하고자 하는 바다. 진심으로 변화하기를 원하는 사람들과 억지로 그러려는 척하는 사람들 양쪽 모두, 흔히 '보텀업bottom-up' 같은 용어를 쓰며 그 용어가 진정한 변화를 의미한다고 생각한다. 그리고 여기에는 앞으로 '톱다운' 방식을 집어치우겠다는 맹세가 항상 뒤따른다. 하지만 실상은 이렇다. '보텀업'은 오로지 위아래가 뒤집혔을 뿐 그저 똑같은 피라미드 관점이다. 그리고 내가 '밑바닥'에 있다는 이유로 내 인풋이 환영받는다면, 리더가 제시하는 그 슬로건의 수혜자가 되더라도 대체로 영감을 얻지는 못한다. 우리가 여전히 의존하는 모양새를 취하기 때문이다.

닷컴 버블이 붕괴한 이후 등장한, 네트워크로 연결된 새로운 플랫폼과 기기들(중요한 몇 가지 예를 들자면 구글, 유튜브, 페이스북, 아이폰)은 위계질서 없이 에너지를 발산할 수 있다는 새로운 희망을 제공했다. 하지만 우리는 2012년까지는 상황이 개선된다고 느끼지 못했다. MIT 교수 셰리 터클은 이들 서비스가 우리 모두에게, 그리고 그중에도 특히 젊은이에게 미치는 영향을 연구했고, 『외로워지는 사람들』이라는 책에 자신의 의견을 밝혔다.[36]

기술은 우리에게 독립(번거로움, 사슬, 남의 선택 등으로부터 '벗어날' 자유)과 더 효율적인 삶을 제공한다. 하지만 같이 더 큰 무언가를 구축하도록 서로 함께할 자유를 주겠다는 약속은 대부분 깨졌

기빙 파워

다. 1989년부터 지금까지를 가장 나쁘게 요약하자면 '다들 나 홀로 볼링을 하게 되었다'고 표현할 수도 있을 것이다. 이토록 서로 연결돼 있으면서도 이토록 서로 단절됐다고 느낀 적은 없었다.

별자리 도약

우리가 원하는 것(그리고 내 생각에는 우리에게 필요한 것)은 상호의 존이지만, 문제가 있다. 피라미드 사고방식이 점잖게 우리 곁을 떠나지는 않을 것이다. 그리고 별자리 사고방식을 새 휴대폰처럼 장만하거나 와인처럼 돈을 주고 살 수도 없다. 상호의존이란 독립 과 의존 사이의 어떤 상태라고 생각하는 사람도 있겠지만, 이는 매 우 잘못된 이해다. 사실 독립은 의존의 한 가지 형태이기 때문이 다. 아마도 '자기의존'이라는 명칭이 더 적절할 것이다. 똑같은 피 라미드 사고방식이 이 두 가지 모두에 관여하기 때문이다.

상호의존을 달성하려면 숨어 있는 피라미드를 깨닫고 적극적으 로 이것을 내보내야 한다. 피라미드가 마치 제공하는 것처럼 보이 는 안전과 더불어 이 사고방식 자체를 포기해야 한다. 동시에 별 자리와 다른 사람들을 확고히 믿기 위해 한 걸음 도약해야 한다.

피라미드 사고방식이 완전히 사라지지 않는다고 걱정할 필요 는 없다. 사실 우리 모두는 감사해야 한다. 우리에게는 피라미드 사고방식이 필요하다. 국가적 위기가 왔을 때, 모든 것을 걸고 외곬으로 임무를 수행할 때는 그런 사고방식이 필요하다. 경쟁과 드라마에도 필요하다. 하지만 모든 일에 이 사고방식이 필요한 것은 아니다. 우리가 가장 신경 쓰는 일에는 분명 필요하지 않다. 하지만 이 사고방식이 너무나 만연하다 보니 별자리 사고방식과 습성을 채택하기가 어렵다. 심지어 이 『기빙 파워』 같은 책을 읽고 있다 해도 말이다.

미국 건국의 아버지들은 피라미드를 국새 뒷면에 배치했다. 우리는 비즈니스부터 정치, 경제까지 모든 영역에서 피라미드를 계속 사고의 앞면에 둔다. 하지만 우리가 이뤄야 하는 도약leap은 현재 우리에게 낯설지 않은 1달러 지폐에 자세하게 계획돼 있다. 앞으로 읽을 장에서 그렇게 도약할 방법을 배울 것이다.

2장
별자리의 창조자들

획일성을 창조하고 통제하기보다
복잡성을 이해하고 조화해야 한다

전 세계에서 가장 부유한 기업과 가장 오래된 기업이 맞붙었다. 어느 쪽이 승리했을까?

현재까지는 기술로 인한 파괴적 혁신의 대표적인 사례로 꼽히는 하버드경영대학원의 사례연구 396-051번 뒤편에 첨부된 질문이다.[37] 도약에 두 번 실패한 후 마지막 한 번의 도약으로 상상도 할 수 없을 만큼 성공한 사례에 대한 이야기다.

이 연구에 등장하는 첫 번째 회사는 1760년대 스코틀랜드에서 설립됐다. 스코틀랜드는 계몽주의 사고의 온상이었지만 유럽 경제에서는 상대적으로 낙후된 곳이었다. 바로 이곳에, 사람들이 세상에 관한 조직화되고 범주화된 지식을 갈구한다고 믿는 어느 계몽주의 사상가 그룹이 있었다.[38] 그들은 더 좋은 백과사전을 만들어 그 시대의 폭발하는 지식을 더 폭넓은 독자층에 전달하고 싶어 했다.

그들은 당시 높은 평가를 받는 프랑스 백과사전 대부분이 주어진 주제를 부분으로 쪼개서 탐색하고, 각각을 알파벳 순서대로 배열한다는 중요한 사실을 간파했다. '인간의 심장'이라는 주제를 찾으면 주로 대동맥aorta, 혈액blood, 심실chamber 등 다양한 항목이 사전 순으로 나오며, 책의 서로 다른 지점에 별도로 기술되어 있었다. 스코틀랜드 사상가들은 항목별로 이름을 붙이고 그룹을 짓는 방식이 더 직관적이어야 한다고 생각했다. 현실에서 독자가 항목들을 서로 연관지어 접하고 활용한다는 점을 반영하도록 말이다.

그래서, 주로 개 목걸이에 가문의 문장을 새기면서 생계를 해결하던 유명한 전각가 앤드루 벨은 가발 제조업자의 아들이자 도서 인쇄업자인 콜린 맥파쿼와 팀을 이뤄 그들만의 백과사전을 만들어보기로 했다. 그들은 《스코츠 매거진The Scots Magazine》에서 교열 담당자로 일하던 28세 청년 윌리엄 스멜리를 편집자로 뽑았다.

그렇게 해서 이들은 '브리태니커 백과사전Encyclopedia Britannica'을 주간 간행물로 100주 동안 발행했다. 그리고 4년 후에는 간행물들을 묶어 3권짜리 한 세트로 내놓았다. 1790년까지 이 백과사전은 전 세계적으로 히트를 쳤다. 바다 건너 미국에서도 조지 워싱턴, 토머스 제퍼슨, 알렉산더 해밀턴이 각자 한 세트씩 보유할 정도였다.

브리태니커의 명성과 판매가 1800년대까지 이어지면서 자발적으로 기여하고자 하는 당대 최고의 사상가들이 모여들었다. 3권짜리가 20권으로 늘어났다. 약 15년마다 출시되던 신판이 준비됐을 때, 지식을 수집하는 데에 기여한 이들은 세계 최고의 소장품과 자신의 이름이 결부된다는 사실에 흥분했다.

하지만 사업은 결코 녹록지 않았다. 제품 생산과 판매 공정은 매우 불규칙했다. 신규 도서를 발간하려면 몇 년간 편집 인력에 투자해야 했고, 제작 후에 회사는 다음 버전을 발간할 때까지 편집자들을 내보내고 최신판을 판매할 영업 인력을 고용해야 했다. 각 과정에는 엄청난 현금이 들었다. 그래도 150년이 넘는 기간 동안에 파산 위기 없이 사업을 꾸려나갔고, 대서양을 건너 당시 세계에서 가장 바쁘게 돌아가는 시장인 미국으로 회사를 이전했다.

미국 유통업체 시어스는 1920년대까지는 사업상의 어려움을 감수하면서도 브랜드의 명성 때문에 브리태니커의 소유권을 유지했다. 하지만 대공황을 겪으면서 그들은 브리태니커가 제 몫을 해야 한다는 결정을 내렸다. 시어스는 뛰어난 기업 경영자로 꼽히던 벅 파월을 그 업무에 투입했다. 그는 전면적인 구조조정을 단행했으며, 쉼 없이 브리태니커를 출간하고 판매한다는 내용의 혁신안을 도입했다. 추가할 새로운 내용이 많든 적든 상관없이 매년 신판을 출간하기로 했다.

아울러 파월은 방문 판매용 대규모 영업 조직을 구축했다. 이 조직은 우편 주문서를 잡지에 끼워 넣어 판매하던 마케팅 부서와 선두를 겨루면서, 가장 강력했을 때는 규모가 2300명까지 늘어났다. 무엇보다 그는 소비자의 예측 가능성을 감안해 향후 『브리태니커 백과사전』은 항상 같은 분량으로 만든다는 결정을 내렸다. 새로운 주제에 4쪽이 소요된다면 다른 주제에서 4쪽을 빼는 식이었다.

영업 문구도 바뀌었다. 그 문구는 이러한 질문으로 시작했다. "당신은 자녀 교육에 기꺼이 투자하려는 부모인가요?" 겉으로는 좋은 육아법에 관해 말하는 듯했지만, 실제로는 죄책감을 자극하는 내용이었다.[39] 영업 사원들은 양각으로 글자를 새긴 가죽 표지를 제작하여, 고객이 평범한 표지보다 거의 두 배로 비싼 세트 제품을 사도록 만들어서 돈을 벌었다. 그들은 '네 개의 벽four walls'이라는 방식을 교육받았다. 기본적으로 고객이 '예스'라고 답할 때까지 꼼짝 못하게 만드는 방식이었다. 1990년대가 되자 『브리태니커 백과사전』의 연간 매출액은 6억 달러를 넘어섰다.

회사는 재정적인 성공을 누렸지만, 한편으로는 비밀도 있었다. 1년에 백과사전을 펼치는 일이 평균 한 번 내지 두 번밖에 안 된다는 연구 결과가 있을 정도로, 실제로는 고객들이 책을 거의 보지 않는다는 점이었다. 브리태니커는 1760년대에 사람들을 계몽하기 위해 지식의 경계를 확장하던 존재에서 진화하여, 사람들이 읽지 않는다는 사실을 알면서도 독자들을 꼼짝 못하게 해서 화려한 표지의 책 여러 상자를 사도록 강제하는 존재로 전락했다.

마이크로소프트의 참전

1985년, 빌 게이츠는 한 가지 중요한 기회를 두고 이사회와 논의를 시작했다. IBM과 컴퓨터 운영시스템 개발 계약을 체결한 마이크로소프트의 인기는 개인용 컴퓨터 시장의 성장 덕분에 급격하게 높아지고 있었다. 하지만 논의 중이던 기회의 중심에는 컴퓨터 본체에서 꺼낼 수 있는 새로운 디스크인 시디롬CD-ROM이 있었다. 곧 상용화될 예정이던 시디롬은 플로피디스크 500장이 필요할 분량의 데이터를 단 한 장에 저장할 수 있었다. 심지어 책 전권에 해당하는 많은 양의 디지털화된 텍스트도 한 군데에 저장할 수 있었다.

하지만 양질의 콘텐츠 저작권을 구매하려면 비용이 많이 들기 때문에 경제적으로는 사업이 쉽지 않았다. 게다가 사람들은 톰 클랜시*의 책을 개인 컴퓨터에서 읽고 싶어 하지 않을 터였다. 하지만 참고 서적이라면 어떨까? 부피가 큰 이런 책들을 책상에서 치우고 싶어 하는 사람들은 있을 것이다. 마이크로소프트는 시장조사를 실시했다. 연감이나 책력은 최고 40달러에 팔리고 있었다.

---

* Tom Clancy. 군대와 전쟁을 소재로 첩보물과 정치 스릴러를 주로 쓴 미국 소설가. 『붉은 10월호』, 『패트리어트 게임』 등의 작품이 큰 인기를 누려 영화화 되었고, 『레인보우 식스』는 게임으로도 만들어졌다.

사전은 최고가가 75달러에 달했으니 좀 더 나았다. 한편 백과사전 가격은 한 세트에 1500달러에서 2000달러 선이었다. 이사회는 게이츠에게 한번 시도해보라고 했다.

백과사전 출판 업체와 파트너십을 맺고 싶었던 마이크로소프트 경영진은 업계에서 가장 크고 명성이 높은 기업, 바로 『브리태니커 백과사전』의 출판사를 설득하는 일에 착수했다. 브리태니커 경영진은 그 파트너십에서 마이크로소프트가 무엇을 얻을 수 있는지 즉시 이해했다. 자신들이 200년 동안 쌓아올린 명성이었다. 하지만 브리태니커가 얻게 될 이익은 지나치게 불확실했다. 당연히 그들은 제안을 거절했다.

마이크로소프트는 서열순으로 백과사전 출판 업체들을 차례차례 접촉했지만 계속 거절당했고, 마침내 펑크앤드왜그널스Funk and Wagnalls에까지 순서가 돌아왔다. 식료품점에서 백과사전의 알파벳 A 부분을 1센트에 파는 업체였다. 소비자가 우편으로 나머지 부분도 주문하기를 기대하면서 말이다. 그들에게는 불행한 일이었지만 거의 대부분의 소비자가 절대 주문하지 않았다. 따라서 상당히 돈에 쪼들렸던 그들은 콘텐츠 사용권을 컴퓨터 회사에 넘겼다.

마이크로소프트 엔지니어들은 현재 엔카르타Encarta라고 불리는 이 디지털 백과사전을 더 매력적으로 만드는 방법을 깨달았다. 항목에 관련된 글과 사진을 하이퍼링크로 제공하는 것이었다. 그들은 달 착륙 현장을 찍은 짧은 비디오 클립이나 토머스 에디슨이 최초로 녹음한 오디오를 끼워 넣었다.

그때까지 마이크로소프트는 세계에서 가장 부유한 기업이 될참이었고 투자할 여유도 있었다. 엔카르타는 비디오를 더 많이 추가했고, 콤프유에스에이CompUSA와 에그헤드소프트웨어Egghead Software 같은 소매상점에 전시대도 설치했다. 하이테크 제품이었지만 영업 문구는 익숙했다. "당신은 자녀 교육에 기꺼이 투자하려는 부모인가요?"

이들의 통찰과 가격 조정의 합은 매우 효과적이었다. 매출은 매년 1000퍼센트씩 상승했다. 1990년대 초까지, 엔카르타는 쾌재를 불렀다. 이제는 브리태니커가 생각을 바꾸고 공손한 태도를 취해야 할 차례였다. 1990년에 최고 매출을 기록했던 브리태니커는엔카르타 때문에 1995년에는 거의 회생이 불가한 상태까지 갔다.같은 해에 빌 게이츠는 세계에서 가장 부유한 사업가가 됐다. 이절박한 시기에 브리태니커가 할 수 있는 제안은 헐값으로 회사자체를 파는 것뿐이었다. 마이크로소프트로서는 일고의 망설임도없이 거절할 만한 제안이었고, 아마도 그들은 만족스럽게 거절했을 것이다.

특히 백과사전이 팝 문화와 기업 분야로 확장되면서, 엔카르타는 현란한 차트와 비디오를 더 많이 만들어내고 새로운 정보의확산에서 뒤처지지 않기 위해 신속하게 편집팀을 구축했다. 이제

엔카르타는 누구도 자기를 넘볼 수 없도록 백과사전의 선두를 다지고 있었다. 하버드경영대학원 연구자들이 사례연구를 하기 위해 몰려온 것도 이때였다.

판결은 명확했다. 엔카르타의 KO승이었다.

앨라배마에서 온 지미

그런 다음, 일어날 것 같지 않은 일이 밀레니엄 전환기에 발생했다. 앨라배마 출신의 30대 남성 지미 웨일스Jimmy Wales가 등장한 것이다. 그는 외화 옵션 트레이더가 되려고 박사과정을 그만뒀고, 닷컴 붐이 일자 온라인 스타트업에서 실험을 해보려 했다.

지미는 할머니가 운영하는 작은 학교에 다니면서 자랐다. 그는 백과사전을 실제로 읽는 예외적인 사람에 속했다. 그는 할머니가 집에 비치해둔 『월드 북World Book』 백과사전 세트를 읽었다. 판매 회사는 고객이 누락된 내용을 발견하면 어떤 것이든 고칠 수 있도록 스티커를 제공했다. 아마도 괜찮은 마케팅 수법 중의 하나에 불과했겠지만 지미는 내용이 틀렸거나, 불완전하거나, 혹은 양쪽 모두인 항목들을 찾아내, 회사에서 보내준 것을 다 써버릴 정도로 정성 들여 각 페이지에 스티커를 붙였다.

그는 자신의 스타트업을 누피디아Nupedia라고 불렀다.[40] 몇 가지 다른 점은 있었지만, 초기 브리태니커처럼 그도 전문가들의 열정을 활용해 고품질의 수익성 온라인 백과사전을 만들어 더 폭넓은 독자층에게 가르침을 전할 예정이었다. 근본적으로 웨일스의 제안은 이런 내용이었다. "우리는 어떤 콘텐츠에도 돈을 지급하지 않고 세계의 지식을 담는 더 나은 저장소를 만들 겁니다. 아, 그리고 저장소를 이용하는 사람에게도 비용을 청구하지 않을 예정입니다. 저를 믿어보세요. 저는 외화 선물을 거래하던 사람입니다."

그의 팀은 다양한 박사 학위 소지자 및 전문가와 한 명 한 명 접촉했고, 학계에서 서로의 연구를 무료로 검토해주는 동료평가를 비유로 들어 그들의 개념을 설명했다. 많은 사람이 승낙했고 꽤 훌륭한 초기 커뮤니티가 구축됐다. 하지만 그들은 곧 곤란한 상황에 봉착했다. 모델이 비정통적인 만큼 지미의 팀은 품질과 정확성을 양심적으로 엄격히 지켜야 한다고 느꼈고, 따라서 자원봉사자의 콘텐츠는 어떤 것이건 게시하기 전에 7단계로 검토받는다는 정책을 수립했다. 하지만 결과는 실망스러웠다.

좌절한 웨일스는 자신이 박사과정에서 광범위하게 연구하던, 노벨상 수상자이자 자신이 좋아하는 경제학자에 관한 글을 직접 쓰기 시작했다. 하지만 그조차도 동료평가 위원회에서 자신의 글을 어떻게 평가할지 두려웠고, 글쓰기를 중단했다. 한 해가 지났지만 승인을 마치고 누디피아에 등재된 글은 18개밖에 없었다. 설상가상으로 그중 하나는 완벽하게 표절한 글로 밝혀졌다.

그때 래리 생어라는 팀 멤버가 가능한 대안을 제시했다. 당시 새로 나온 기술인 위키Wiki(하와이 말로 빠르다는 뜻이다)를 이용하면 사람들이 집단으로 함께 글을 작성할 수 있다는 것이었다. 한 사람이 한 단락을 쓸 수도, 혹은 그저 한 문장만 쓸 수도 있었다. 그 주제에 관해 쓸 내용이 없는 사람들도 백과사전 스타일로 글을 편집하는 과정을 도울 수 있었다. 기여자들은 편집이 끝나면 서로 사실을 확인하기로 했다. 어떤 글에도 개인 서명은 달리지 않겠지만, 누가 어떻게 기여했는지 모든 정보가 첨부된 페이지에 기재될 예정이었다. 더 많은 글을 게시하기 위해서 이렇게 협업하지 않을 이유가 있겠는가?

지미는 한번 시도해볼 만하다고 생각했다. 누피디아는 위키피디아Wikipedia라고 불리는 동료 사이트에 이 새로운 시도를 발표했다. 놀랍게도 누피디아 커뮤니티와 그들의 친구들, 그 친구들의 친구들은 이를 환영했다. 1년 만에 1만 8000건의 글이 게시됐다. 지미는 높은 품질과 참여도를 유지하기 위해 위키피디아에서 광고 판매를 하지 않기로 했다. 대신 플랫폼 운영에 필요한 자금을 조달하기 위해 이용자가 자발적으로 기부할 수 있게 했다. 그는 원칙 선언문을 작성했고, 그 선언문도 커뮤니티 멤버들이 직접 수정할 수 있도록 했다.

금세 위키피디아는 마이크로소프트의 엔카르타를 무용지물로 만들었을 뿐만 아니라, 세계에서 가장 방대한 지식 전달 엔진을 개발해냈다. 영어로 된 글만 해도 600만 개가 넘었고, 240가지 이상의 언어로 된 버전들이 생겨났다.

이는 우리가 거의 생각조차 하지 않는 평범한 일상에 숨어 있는 기념비적인 성취다. 저녁식사 중에 논쟁이 벌어지면 우리는 "구글에 검색해보자"라고 말한다. 하지만 우리가 실제로 하는 행동은 대부분 위키피디아에서 정보를 찾아보는 것이다. 구글의 알고리즘은 기존 검색들을 기반 삼아 어떤 주제에 관한 최고의 정보로 우리를 이끌도록 설계됐다. 그리고 그 정보는 대개 위키피디아다. 한번 시도해보라.

위키피디아를 의심하는 사람들은 언제나 존재했다. 하지만 과학계의 저명한 저널 《네이처》는 그 의심이 틀렸음을 증명하는 연구를 실었다. 연구에 따르면 위키피디아는 오래된 표준, 즉 『브리태니커 백과사전』만큼이나 정확한 것으로 밝혀졌다.

그렇다면, 가장 부유한 기업이 가장 오래된 기업에 도전했을 때 어느 쪽이 승리했는가? 이 질문에 답하기 위해 위키피디아에 들어가보자.

위키피디아에 '브리태니커 백과사전'을 검색해보면 "2010년에 나온 15번째 판은 총 32권, 3만 2640쪽에 달하며 이것이 마지막 인쇄본이다"라고 나온다.

위키피디아에 '엔카르타'를 검색해보면 "마이크로소프트의 엔카르타 사이트는 2009년 12월 31일 사이트를 폐쇄한 일본을 제외하면 모든 국가에서 2009년 10월 31일에 폐쇄됐다. 마이크로소프트는 (별도의 사이트에서) 엔카르타 온라인 사전을 2011년까지 운영했다"라고 나온다.

지금 돌아보면 둘 중 누구도 이기지 못했다고 말해야 할 것이다. 하지만 결국은 '우리'가 이겼다고 말할 수도 있을 것이다.

지미의 별자리 도약

벅 파월의 브리태니커와 빌 게이츠의 엔카르타는 극과 극의 기술이었다. 하나는 오래된 아날로그였고, 나머지 하나는 새로운 디지털이었다. 하지만 한 가지 핵심적인 면에서 둘은 똑같이 닮았다. 바로 그들의 관점이다. 그들은 피라미드 사고방식에 전념했다. 전문가들이 결정하고 배정했으며, 권력은 최고위층에 묶여 있었고, 결과는 예측 가능했다.

지미 웨일스가 누피디아를 출범했을 때, 그는 백과사전들의 싸움에서 빠진 것이 무엇인지 깨달았다. 그는 원래의 브리태니커와 비슷하지만, 즉각적인 소통과 저비용의 디지털 출판으로 가능해진 뭔가를 되살리고자 노력했다. 하지만 지미와 그의 팀은 여전히 스스로를 시스템의 꼭대기에 올려놓았고, 시스템이 자기들의 프로세스에 의존하게 했다. 그의 조심스러움은 스스로를 문지기로 만들었다. 그의 철저한 필터링과 사실 확인 시스템은 모든 에너지를 차단했다. 이는 누피디아가 모든 사람의 플랫폼이 아닌 지미의 플랫폼이라는 메시지를 내포했다. 최신 기술을 보유했지만 누피디아는 여전히 하나의 피라미드였다.

하지만 위키피디아에서는 사용자들이 각자 전문성을 드러내어 돋보일 수 있었고, 정보와 정확성을 사랑하는 사람들로 구성된 커뮤니티의 일부가 되어 어울릴 수 있었다. 위키피디아는 정해진 목적지 없이, 하나의 비전에 헌신하고자 합류한 사람들에 의해 영속하면서 쉴 새 없이 진화하고 있다. 위키피디아가 성공한 이유는 지미가 의존성과 독립성 두 가지 모두를 규정하는 피라미드 사고방식을 내려놓았기 때문이다. 그리고 위키피디아를 단단하게 만든 것은 찰스 톰슨이 자랑스럽게 여길 어떤 것, 바로 별자리의 원칙과 습관, 정서였다.

지미의 팀은 그런 도약을 이뤄냈다.

벅이나 빌과 달리, 지미는 홀로 목적을 탐하지 않았다. 그는 별자리 사고방식을 가졌기 때문에 오히려 외곬의 목적이 전혀 없었다. 그에게는 많은 목적이 있었고, 다른 사람들도 목적을 세우도록 허용했다. 그가 원한 것은 좋은 정보였다. 그는 새로운 걸 배우고 싶어 했다. 그는 '읽기'가 관심을 사로잡기를 원했다. 그는 '기여하기'가 관심을 사로잡기를 바랐다.

하지만 별자리가 외곬의 마음으로 영리를 추구하지 않는다면,

과연 여기서 수익을 낼 수 있을까? 한마디로 답하자면, 당연히 낼 수 있다. 지미의 이야기가 돈이 주된 동력이 되지 않고도 무엇을 이뤄낼 수 있는지 보여준다면, 또 다른 도약가의 이야기는 별자리 사고방식이 어떻게 부를 혁신하고 세계에서 가장 거대한 영리단체를 창조했는지 드러낸다.

개척자

디 호크Dee Hock라는 이름은 모르는 사람이 많다.[41] 호크 자신도 그 편을 선호했다. 호크는 주식시장이 폭락하고 벅 파월이 브리태니커를 혁신했던 1929년에 태어났다. 그는 솔트레이크시티에서 북쪽으로 64킬로미터 떨어진, 그레이트솔트 호수와 로키 산맥 사이의 좁은 골짜기에 자리한 유타주 노스오그던에서 자랐다. 모르몬교 리더들이 공식적으로 중혼을 부인하고, 그로버 클리블랜드 대통령이 유타주의 지위를 승인한 지 불과 30여 년밖에 지나지 않은 때였다.

매우 똑똑했지만 그 도시에서 더 나은 교육을 받기에는 너무 가난했던 그는 자신만의 진실 탐지기에 의존하는 법을 배웠고, 주변에 넓게 펼쳐진 자연을 포함해 교훈을 찾을 수 있는 곳이라면 어디서나 교훈을 습득했다. 몇 년이 지난 후 그는 당시의 삶을 회상하면서 "자연은 작은 것들에 주의를 기울임으로써 완벽을 추구한다"는 사실을 배웠다고 말했다.

호크는 가족 중에 처음으로 2년제 준학사 학위를 주는 대학에 진학했다. 대학을 졸업한 후에는 늘어나는 가족을 부양하기 위해 로스앤젤레스에서 일자리를 구했다. 그가 취직한 곳은 집이나 차를 사려는 사람들에게 대출을 승인해주는, 20세기 중반 금융계에서 따분한 구석자리를 차지하던 소비자 신용 기관이었다. 업무를 얼마간 경험한 후, 그는 자신 이전에도 그리고 이후에도 많은 사람이 터득한 깨달음에 도달했다. 대기업을 위해 일하면 정신이 질식할 수도 있다는 깨달음 말이다.

그는 구체적으로 "기계적이며, 지휘하고 통제하는 조직들"을 비판했다.[42]

호크가 판단하기에 대기업은 인간을 인간애 없이 대하며 그저 기계 속 부품처럼 보았다. 그리고 그런 상황은 사람들을 불행하게 만들 뿐만 아니라 기업을 운영하는 관점에서도 어리석은 일이었다. 그의 관점에 따르면, "목적이 과정 속으로 서서히 침식되고" 조직은 "일하기 위해 일하는" 악순환에 빠진 스스로를 발견하게 된다.

그런데 진화하는 고객 니즈를 기반 삼아 조직이 자연스럽게 성쇠를 되풀이하도록 내버려둘 방법이 있었다. 호크는 기계와 같은 조직은 실제 삶의 역동적인 본질을 다룰 수 없고, 생물학에서 얻을 수 있는 적응과 진화에 관한 교훈이 이런 문제들 중 일부를 해결할 실마리라고 믿었다.

하지만 회사는 호크의 아이디어를 어떻게 다뤄야 할지 알지 못했다. 호크는 주어진 분기 목표를 달성했지만, 회사의 규칙을 따랐기 때문은 아니었다. 오히려 그의 접근 방식은 신규 채용 인력에게 제공되는 교육 매뉴얼과는 직접적으로 모순됐다. 예를 들어 그는 대출자들에게 감당할 수 있는 한 많은 돈을 대출하라고 독려하기를 거부하고, 그 대신 조심하라고 조언했다. 고객들은 신중하게 돈을 빌렸고, 자기 자신과 호크를 더욱 신뢰하게 되었다. 이는 더 많은 추천과 고객으로 이어졌다. 각각의 고객과 더 적극적으로 교류하는 만큼 더 많은 시간을 써야 했지만, 활력과 영감이 오갔다.

상사가 그런 방식을 중단하라고 요구했을 때, 그는 당혹감을 느꼈다. 중단은 회사의 이익에 반하는 일일 터였다. 비합리적인 이야기였기에 그는 자신의 방식을 고수했다. 그러자 회사는 그 방식을 그만두든지 아니면 출근을 그만두라고 통보했다. 그는 두 번째 선택지를 택했다. 이런 패턴은 그의 20대와 30대 내내 반복됐고, 마침내 그는 우리 대부분이 기업의 실체와 직면했을 때 억지로 하고야 마는 일을 하게 됐다. 굴복한 것이다. 1960년대 시애틀에서 호크는 중간급 규모 시장에 속한 중간급 은행의 중간급 직책을 맡게 됐다. 봉급을 받기 위해 출퇴근 기록 카드를 찍고, 단조로운 대출 신청을 신중하게 승인하도록 젊은 관리자들을 감독할 예정이었다.

당시 은행업의 세계는 모양새가 지금과 매우 달랐다. 먼저 은행의 규모가 훨씬 작았고, 여러 국가는 물론 여러 주에 걸쳐서 보통예금과 당좌예금 같은 소비자 대상 사업을 영위할 수도 없었다. 캘리포니아처럼 더 큰 주에서 영업을 하던 뱅크오브아메리카Bank of America처럼 규모가 더 큰 은행도 몇몇 있었다. 하지만 그들은 이름과 어울리지 않게 다른 모든 은행처럼 주 경계선 안에서 제한적으로 영업했다.

규모는 상당히 작았지만 성장하고 있던 신용카드 사업은 예외였다. 1960년대 후반에 이 사업이 완전히 새로웠던 건 아니다. 매장에서 신용카드를 발급한 지는 몇 년이 된 상태였다. 실제로 사람들이 지갑 안에 신용카드를 다섯 장이나 가지고 다니기도 했다. 백화점용, 주유용, 또 다른 백화점용 같은 식으로 말이다. 하지만 자주 가는 소매점마다 사용할 카드를 하나씩 제공하는 대신 미국 전역에서 사용할 수 있는, 은행과 연결된 카드 하나를 발급한다는 개념은 캘리포니아와 뉴욕에 있는 대형 은행들이 미처 생각하지 못했다.

뱅크오브아메리카는 캘리포니아에서 특히 공격적으로 영업했고, 뱅크아메리카드BankAmericard라는 자기들 플랫폼에서 카드를 발급하도록 다른 주의 은행들과 제휴 관계를 맺고 싶어 했다.

바로 그 시기에 누군가가 디 호크의 방에 찾아왔고, 그는 매일 출근 도장만 찍던 삶에서 벗어나게 되었다. 그의 상사들이 뱅크아메리카드 플랫폼에 참여하기로 계약했는데 소비자 신용 담당이던 호크가 그 일을 관리하는 책임을 맡게 된 것이다.

뱅크오브아메리카는 호크에게 전략을 설명했다. 호크의 은행과 같은 참여 은행들의 역할은 두 가지였다. 소비자에게 카드를 발행하는 일과, 상인들을 가입시켜 가게에서 카드를 받도록 하는 일이었다. 하지만 헌법을 제정할 때 제임스 매디슨이 말했듯이, 우리가 천사였다면 정부가 필요하지 않았을 것이다.

매우 빠르게 모든 참가 주체의 덜 천사다운 면모가 대거 드러나기 시작했다. 시스템은 거의 붕괴됐다. 호크의 은행과 같은 일반 은행들은 이자를 더 많이 벌기 위해 머천트뱅크*에 대금 지급을 몇 주씩 미루곤 했다. 머천트뱅크는 받을 돈을 부풀리기 위해 거짓말을 하곤 했다. 뱅크아메리카드 시스템 안에서만 해도 이런 일이 벌어지고 있었다. 다른 신용카드 시스템과의 경쟁은 너무도 치열해서, 일부 경쟁 카드 발급회사는 식당과 소매상에 경쟁 업체의 카드를 반으로 쪼개놓을 새로운 임프린터imprinter(먹지를 이용해서

---

* merchant bank. 주로 어음을 인수하거나 증권을 발행하는 금융기관. 신용카드 거래 시 카드 발행 은행이 소비자에게 거래 대금을 청구하고 수수료를 제외한 금액을 지급하면 머천트뱅크가 이를 식당이나 소매상의 계좌에 입금한다.

신용카드를 긁던 방식의 옛날 기계)를 제공하기도 했다.

호크는 단기 매출에 집착하는 이 시스템의 외곬수적인 본질이 폭주하고 있다고 믿었다. 이 시스템은 은행 자체의 생존은 물론, 높은 이자를 청구해 소비자들의 생계도 위협했다. 따라서 과거의 행태를 바탕으로 예측한다면, 이제 호크가 회사를 그만둬야 할 시점이었다. 아마 워싱턴 동부로 가거나 유타로 되돌아가면 좀 더 조용하게 지낼 만한 자리가 있었을 것이다. 하지만 어떤 이유에선지 이번에는 일을 뿌리치지 않았다. 그는 더 나은 방법이 있다고 확신했다. 상관들이 충분히 절박하다면, 뭔가 새로운 것을 시도할 기회가 생길지도 모를 일이었다.

충격에 빠진 뱅크오브아메리카는 문제를 해결하기 위해 신용카드 제휴사 100곳을 대규모 회의에 초대했다. 전혀 성과가 나오지 않자 호크가 나섰다. 오하이오주 콜럼버스시에 모인 다른 사람들에게, 시애틀에서 온 중간급 은행가가 특별한 권위를 행사할 수 있을 리가 없었다. 자, 하지만 최소한 그에게는 이 골칫거리를 해결하려는 의지가 있었다. 모임에서는 프로세스를 개발할 위원회를 구성하는 데 동의했고 그를 의장으로 선출했다.

믿거나 말거나, 중간급 관리자가 문제를 해결하기 위한 위원회를 구성한다는 바로 이 지점에서 이야기가 흥미로워진다.

호크의 위원회는 뱅크오브아메리카 경영진에게 큰 충격을 준 은행 집단에서 데이터를 수집했다. 손실 수준은 이전에 예상했던 몇천만 달러 정도가 아니라 몇억 달러에 달했다. 이사회의 발표 자료에 나온 도표상으로는 시스템이 마치 잘 정비된 듯이 보였으나, 실제로 일어나는 혼란은 숨겨져 있었다.

스스로 리더십을 발휘하는 바람에 호크는 그런 악몽을 해결해야 하는 더 큰 책임을 짊어지게 됐지만, 그건 괜찮았다. 그는 이 기회에 그만한 가치가 있을지 모른다고 믿기 시작했다. 젊었을 때 개인적으로 빚 때문에 고생했으며 경력 초반에는 함부로 빚을 지지 말라고 고객들에게 조언했던 호크는, '신용카드'라는 구절이 관심을 끈다는 사실이 마음에 들지 않았다. 그는 이 일을 은행이 돈을 더 많이 벌 수 있도록 소비자 신용을 확대하는 것과는 별개인, 그보다 훨씬 더 중요한 어떤 일로 봤다. 플라스틱 한 조각을 거의 현금처럼 활용하도록 만들 기회가 여기에 있었다(실제로 우리가 오늘날 가지고 다니는 체크카드처럼 말이다).

이 조직은 단순히 돈을 버는 걸 넘어 돈 그 자체의 미래, 즉 상호 신뢰를 바탕으로 참여한 모든 사람이 혜택을 얻게 해주는 교환 시스템을 다루는 조직이 돼야 했다. 그리고 나중에 참여할 "상상할 수 없을 정도로 복잡하고 다양한 기관과 개인"[43]도 감안해야 했다.

뱅크오브아메리카는 본사에서 샌프란시스코만 건너편에 보이는 호텔에 호크와 또 다른 세 사람을 잡아 두고 계획을 수립하도록 했다. 호크는 고차원적인 큰 문제 두 가지로 핵심을 압축했다.

상대적으로 규모가 큰 은행들 사이의 규제 없는 경쟁과, 자회사들에 강요된 협조였다. 팀은 매일 문제와 해결책을 신중하게 가려내면서 하루를 보냈다.

호크가 후일 말했듯이, 네 번째 날 밤에 그는 방으로 돌아가서 '만약 이렇다면 어떨까…'라는 상상을 더 넓게 펼쳐보자고 스스로를 독려했다. 그리고 쏟아지는 생각들을 적어 내려갔다. 다음 날 아침, 그는 동료들에게 일련의 원칙을 제시했다(여기서는 이해하기 쉽도록 표현을 일부 바꿔 옮겼다).

지분이 아닌 권리: 참여 주체들(여기서는 규모를 막론한 은행들)은 지분을 '소유'하는 대신 이 시스템에 참여할 권리를 가지며, 이 권리는 결코 누구도 빼앗을 수 없고 다른 사람에게 매각될 수도 없다.
중앙집중 권력이 없는 자기조직화: 모든 참가자는 시스템의 모든 기능에 접근할 동등한 권리를 가진다. 의사 결정에서 어느 누구도, 심지어 뱅크오브아메리카도 규모에 근거해 우위를 행사할 수 없다.
경쟁과 협력: 시스템의 완전성을 위해 필요하다면 자유롭게 경쟁하고 협력할 수 있다.

요약하자면 이렇다. 만약 이런 일들을 해낸다면, 지속 가능하면서도 동시에 변화에 유연한 시스템을 구축할 수 있다는 뜻이다. 또한 참여하는 은행들이 발휘하는 독창성을 결코 제한하지 않고 오히려 독려하거나 이를 촉발하도록 이 시스템은 언제나 변화할 수 있는 형태를 갖추며, 참여자들은 변함없는 공통의 목적으로 함께 모인다.

호크에 따르면, 처음에는 뱅크오브아메리카가 피라미드 꼭대기라는 강력한 지위를 포기하고 동등한 자격으로 합류할 것이라고 어느 누구도 믿지 않았다. 실제로 뱅크오브아메리카는 망설였다. 하지만 그들은 곧 다른 은행들이 나름의 네트워크를 구축하거나 캘리포니아에 있는 경쟁 업체 마스터차지인터뱅크Master Charge/Interbank에 합류하는 것을 아무도 막을 수 없다는 사실을 깨달았다.

호크는 이 새로운 조직에는 장기적으로 뱅크오브아메리카를 더 부유하게 만들어줄 잠재력이 있다고 경영진을 설득했다. 실제로 그는 90일 안에 '모든' 제휴사를 합류시켰다. 그리고 2년 만에 15개국에서 사업 허가를 얻었다. 4년 후인 1976년, 지금은 글로벌 회사가 된 이 조직은 호크의 추천에 따라 이름을 비자Visa로 바꿨다. 그 이름은 수많은 언어로 발음이 가능하고 쉽게 알아볼 수 있으며, 개인에게는 자유롭게 여행하고 함께 어울릴 권한을 부여한다는 뜻을 담았다.

우리는 이제 이러한 카드를 당연한 것으로 생각하지만(그리고 높은 이자율로 우리에게 바가지를 씌우는 은행들을 원망하지만), 비자라는 회사와 플랫폼은 평범한 광경 속에 숨겨진 또 하나의 조용한 기적이다. 이 상황을 잘 이해하려면 인터넷에서 신원을 보호하기 위한 현재의 시스템을 생각해보라. 그 시스템이 무엇인지 상상하기 어렵다면, 그것이 정답이다. 하나만 있지 않기 때문이다. 그 대신, 우리가 방문하는 장소마다 끊임없이 업데이트하고 또 잊어버리는 수많은 패스워드가 있다. 디 호크는 우리에게 신원만큼 소중한 것, 즉 돈을 지키는 일의 어려움을 해결했다. 오늘날 호크의 시스템은 초당 6만 5000건의 거래를 처리한다.[44] 이는 200개가 넘는 국가에서 상점 4600만 곳과 은행 1만 5000곳이 참여하는, 총 거래량이 연간 11조 달러에 달하는 별자리다.

호크의 별자리 도약

호텔에서 영감을 얻은 그 순간에, 호크는 찰스 톰슨과 같은 역할을 수행하여 새로운 별자리를 위한 원칙들을 통합했다. 자신이 배워온 것과 은행에서 여러 동료에게 얻은 것들로 그는 의존의 피라미드 깊숙한 곳에서 별자리로의 도약을 이뤘다.

　그가 생각한 '지분이 아닌 권리'라는 개념은 저 옛날 유럽에서 봉건제도가 아닌 민주주의를 선택한 것과 같았다. 자유는 돈으로 사거나 지시할 수 없다. 제퍼슨과 프랭클린, 애덤스도 그렇게 말하겠지만, 자유는 빼앗을 수 없는 권리다. 이런 권리가 보호받으면 협력하고 경쟁하는 에너지가 만들어진다. 호크가 유타주의 사막에서 관찰했던 것처럼 다양성을 갖춘 진화하는 생태계가 된다.

나는 호크가 좋아하는 한 단어가 수많은 청중을 당혹스럽게 만들었을 거라고 확신한다. 바로 '끌어내다educe'라는 말이다. 이 단어는 우리가 일상적으로 사용하는 단어인 '교육education'의 어근 속에도 숨어 있다. 이 단어는 '잠재된 혹은 미개발된 형태로 이미 존재하는 어떤 것을 가져오거나 이끌어낸다'[45]는 의미다. 은행, 상인, 소비자는 뱅크오브아메리카에 의존하지 않고, 수천 명에 달하는 독립적인 참여자가 혼란에 빠지지 않도록 보호하는 시스템을 개발해 서로에게서 에너지를 이끌어냈다. 그들은 진정한 상호의존을 이뤘다.

디 호크는 부자가 됐다. 내가 이 글을 쓰는 지금, 비자는 전 세계에서 가치가 가장 높은 10대 공개 기업 중 하나다. 하지만 55세의 나이에 호크는 회사를 떠났고, 그 나름의 철학자가 됐다. 그는 살면서 너무나 많은 기술적 진보를 목격했고, 이런 변화가 점점 빨라질 것을 알았지만, 우리가 낡고 정적인 모델(피라미드 사고방식)에 여전히 갇혀 있다는 사실도 알았다. 결국 그는 이런 모델로 인해 "점차 가변성·복잡성·유효성을 '이해'하고 '조화'할 '필요'가 있음에도 불변성·획일성·효율성을 '창조'하고 '통제'하는 전문성을 갖추게 되었다"고 봤다.[46]

자서전에서 그는 우리가 정부나 기업 같은 조직 안에 있으면서 좌절감에 빠져 남 탓을 하기 쉽다는 점을 상기시킨다. 하지만 호크는 이들 기관이 우리와 별개가 아니라는 사실을 강조한다. 그 기관들은 우리의 모습을 반영한다. 그는 이렇게 표현했다. "사실 '저 바깥'에는 문제가 없습니다. 그리고 설사 문제가 있다 해도 그걸 해결할 수 있는 전문가들은 '저 바깥'에 있지 않습니다. 문제는 '이곳'에, 당신과 나의 의식 속에 있습니다."[47]

이 책의 남은 부분은 뛰어난 별자리의 인도하에 우리가 어떻게 새로운 사고방식을 키워 '이곳'에 도달할 수 있는지, 그리하여 어떻게 다른 사람들과 함께 '저 바깥'에 커다란 영향을 끼칠 수 있는지, 그 방법을 더 자세히 제시하는 데 할애하고자 한다.

3장
두 가지 사고방식

위대한 성취는
정해진 목적지를 향한
고독한 경주가 아니다.

2005년 《뉴욕 타임스》는 피터 드러커의 부고 소식을 게재하면서 그가 20세기 들어 기업과 비영리기관, 정부의 리더들에게 가장 큰 영향을 미친 사상가라고 썼다.[48] 실제로 하버드경영대학원은 가장 영향력 있는 리더십 구루 200명의 명단을 발표하면서, 그들에게 자신의 사고에 가장 큰 영향을 미친 사람이 누구인지 밝혀달라고 부탁했다. 달리 말해 '구루들의 구루'라는 새로운 리스트를 작성하려 한 것이다. 피터 드러커는 그 리스트의 맨 위에 올랐다.[49] 비록 드러커 자신은 구루라는 이름표를 결코 좋아하지 않았지만 말이다. 그는 오히려 자신을 토크빌의 전통을 따르는 '사회생태학자'[51]라고 정의했다. 하지만 말년이 되자 드러커는 자신에게도 구루가 있었음을 밝히는, 말하자면 '구루들의 구루의 구루'에 관한 에세이를 썼다.

그의 구루는 1920년대 비즈니스 연설가 그룹에서 인기가 가장 높았고, 드러커에 따르면 "기업 경영이라는 창공에서 가장 빛나는 별"이었다. 그의 이름은 메리 파커 폴릿Mary Parker Follett이다. 최고의 구루 리스트에 이름을 올린 리더십연구소 설립자 워런 베니스도 "오늘날 리더십과 조직에 관해 쓰인 거의 모든 글이 메리 파커 폴릿의 저술과 강연에서 나왔다"[51]는 사실을 인정했다. 하지만 이 최초의 구루가 1933년에 사망하자, 불과 10년도 지나지 않아 그토록 유명했던 대화와 저술에 관련된 모든 기억은 사실상 사라져버렸다. 드러커가 탄식했듯이 이 위대한 인물은 "'아무것도 아닌 사람'이 됐다."[52]

이 사건은 비극이다.

후일 지미 웨일스나 디 호크 같은 사람들이 우연히 발견하거나 직관으로 알게 된 사실, 즉 파워를 나눠 주는 파워를 그는 이미 밝혀내 명료하게 설명했기 때문이다. 그가 얻은 통찰은 오늘날 리더십 분야 베스트셀러 속에 조각조각 남아 있지만, 피라미드 사고방식은 계속해서 우리가 그 핵심 개념을 이해하기 어렵도록 방해한다. 사고방식을 전환해 스스로 별자리를 만들려면 첫 단계로 할 일이 폴릿의 가르침을 되살리는 것이다. 그리고 그에 대한 다음의 이야기로 곧 확인하겠지만, 이는 바로 내일 회의에서부터도 시작할 수 있다.

메리 파커 폴릿, 구루들의 구루의 구루

메리 파커 폴릿은 미국과 그의 가족 모두 흔들림 속에서 재건에 힘쓰던 시기인 1868년에 보스턴 외곽에서 태어났다.[53] 폴릿의 아버지 찰스는 남북전쟁 시작부터 종전까지 북군 편에서 싸웠고, 심각한 알코올중독과 지금은 외상후스트레스장애PTSD라고 불리는 증상으로 고통을 겪었다. 한편 메리의 어머니 리지는 남편과 헤어지고 오랜 기간을 싱글맘으로 살았다. 리지에게는 상당히 부유한 은행가 아버지가 있었지만, 당시의 엄격한 사회적 관습에 따라 불충분한 자신의 수입으로 살아나가야 했다.

어린 시절부터 메리는 어떻게 옷을 입어야 하고 어떻게 말해야 하는지 혹은 누구와 결혼해야 하는지와 같이 모든 일에 엄격한 규칙을 적용하는 공적 권위와, 고유의 마음과 열정적인 사고가 존재하는 자신만의 세계 사이에서 긴장했다. 아버지가 상류사회에서 쫓겨나야 할 사람이라는 사실을 받아들여야 했지만, 그는 술을 마시지 않을 때의 아버지와 감정적으로 깊은 유대를 느꼈다. 집에서 사면초가인 상태로 지내면서 때로는 몸져누운 어머니를 도와야 했지만, 그 도시에서 가장 명석한 아이였던 메리는 야망을 품고 있었다. 사람들은 인생 계획을 세울 때 미래의 남편을 염두에 둬야 한다고 했지만, 그는 남자아이에게 마음이 끌린 적이 한 번도 없었다.

메리가 학교에 다니는 동안 아버지는 마침내 금주에 성공했다. 그는 아버지가 술을 끊기 위해 얼마나 힘들게 투쟁했는지, 그리고 얼마나 자주 실패했는지 지켜본 터였다. 아울러 군대 상사, 지역 교회 목사, 처가 사람들 등 권위 있는 사람들이 아무리 시도해도 아버지의 습관을 바꿀 수 없었던 상황 역시 지켜봤다. 규정을 따르라고, 죄를 짓지 말라고, 자제하라고 요구하면서 이런 방식이건 저런 방식이건, 그들은 모두 높은 위치에서 아버지의 태도를 비난했다.

하지만 정작 효과를 발휘한 것은 매우 다른 방식이었다. 어느 금주 연설가가 그 도시를 방문했는데, 전형적인 연설가들과 달리 그는 기적적인 구원이나 금욕적 자립에 관한 이야기를 지어내지 않았다. 대신 자신의 고통과 실패를, 그리고 자신이 죽음에 얼마나 가까웠는지를 상세하게 이야기했다. 연설 말미에 아버지는 금주 선언 명단에 공개적으로 서명했고, 그 후에는 서명한 사람들의 모임에 합류했다. 그들은 정기적으로 만났고, 돌아가면서 그 연설가가 했던 것처럼 자기 이야기를 공유했다. 마침내 이 모임은 메리의 아버지를 사로잡았다. 다른 사람을 통해 자신을 구원한 것이다.

그리고 그 교훈은 메리도 사로잡았다. 여자도 입학이 가능했던 한 신설 사립고교에 장학금을 받고 들어간 그는 15세에 졸업하면서 졸업 에세이 제목을 「교육자로서의 동급생」이라고 지었다. 선생님만큼 자신에게 가르침을 준 동기들의 이야기를 다룬 에세이였다. 메리는 졸업식에서 연설해달라는 요청을 받았다. 재결합한 어머니와 아버지도 관객석에 앉아 있었다. 연설 내용은 아버지의 회복 과정을 보며 얻은 영감과, 상급생용 선택교과 과정 중에 당시 인기를 얻기 시작한 '정신과학'에서 배운 바를 바탕으로 한 것이었다. 연설에서 그는 '진실의 세계'에서 아직까지 아무도 상상한 적 없거나 존재조차 하지 않는 것을 어떻게 '전능한 마음의 대리인'의 도움으로 창조할 수 있는지 설명했다.[54] 요점만 말하자면, 우리를 둘러싼 현실을 바꾸기 위해서 사고방식을 바꾸는 일의 힘에 관한 연설이었다.[55]

래드클리프대학교의 전신인 하버드대학교 부속 여자단과대학•은 메리를 소위 '특별학생'으로 받아들였다. 특별학생은 전통적인 단선적 교육과정을 따르지 않는 학생을 가리켰으며, 통학을 하되 학업을 이어가기 위해 파트타임으로 일할 수 있었다. 그는 자유롭게 역사학, 정치학, 경제학, 철학, 정신과학을 합친 절충적 학업과정을 이어갈 수 있었다.

그곳에서 메리는 장차 지적 소울메이트가 될 윌리엄 제임스 William James[56]라는 스타 교수를 만났다. 당시 제임스는 진정한 미국산 철학(실용주의)을 처음 공동 개발하는 동시에 정신과학이 정식 과목이 되도록 교과서(『심리학의 원리The Principles of Psychology』)를 집필 중이었다.

제임스는 극심한 우울증과 자살 충동으로 고통받고 있었다. 그

• 　The Annex at Harvard. 1879년 한 개혁가 그룹이 여성에게 평등한 교육 기회를 제공하기 위해 설립했으며, 여기서 여학생도 하버드대학교 교수에게 수업을 받았다. 1894년에는 래드클리프대학교로 이름이 변경됐고, 1999년에는 연구 기능만 남기고 하버드대학교에 통합됐다.

는 남북전쟁 후에 많은 사람이 느낀 무의미한 감정을 일컫는 '아메리카니티스Americanitis'라는 용어를 대중화하는 데 일조했다. 사람들은 전쟁 이후 점점 더 도시화·상업화·산업화되는 국가에서 어떻게 기능해야 하느냐는 문제를 두고 애쓰고, 걱정하고, 혼란을 느끼고 있었다. 이러한 시기에 제임스는 자신을 치료하려고 노력하면서 자기 철학과 전문성을 꽃피울 씨앗을 발견했다.

모든 것이 잘 정리된 기존의 믿음 체계에 자신을 맞추려고 시도했지만, 그는 결국 전부 거부했다. 종교건 과학이건 그 체계들은 교리에 의존하라고 요구하면서 자신이 내적으로 느낀 힘과 목적, 잠재성을 활용할 여지를 주지 않았기 때문이다. 동시에 그는 당시에 인기를 누리던 자신의 대부 랠프 월도 에머슨 덕분에 유명해진 '자기신뢰self-reliance'라는 논리적 대안에도 저항했다. 에머슨은 "너 자신 외에는 어떤 것도 평화를 가져다줄 수 없다"[57]라고 말했다. 제임스는 자신에게 급진적인 독립이 효과가 없다고 깨달을 만큼 충분한 시간을 들여 홀로 골똘히 생각한 터였다. 그는 자신이 중요하다는 것을 알았지만, 자신만이 중요한 것은 아니라는 사실도 알고 있었다. 그런 그에게 다른 생각이 떠올랐다.

오로지 다른 사람을 통해서, 다른 사람과 함께해야만 나를 둘러싼 세상을 바꿀 수 있다면?

그는 다른 사람에 대한 자신의 사고방식이 자기만의 인식을 넘어 자기를 둘러싼 세계에도 큰 차이를 만들었다는 걸 깨달았다.

물론 그가 중력을 어떻게 생각하기로 선택하건 간에, 그 선택은 사과가 나무에서 떨어질지 아닐지의 여부를 바꾸지는 못한다. 하지만 많은 경우 생각과 느낌은 상황이 어떻게 진행될지에 중요한 역할을 했다.

예를 들어 주변 사람들과의 관계처럼 매우 신경 쓰이는 무언가를 생각해보라. 이렇게 가정해보자. 당신은 어떤 사람이 당신을 사랑하고 신뢰한다는 사실을 의심할 여지 없이 확실하게 보여줄 때까지 그에게 신뢰와 사랑을 주는 것을 보류하기로 결심했다. 그러면 그 사람은 당신에게 결코 신뢰와 사랑을 주지 않을 가능성이 높다. 반면 당신이 어떤 보장도 없이 그 사람에게 신뢰와 사랑을 베풀기 시작하면, 그 신뢰와 사랑이 되돌아올 가능성은 훨씬 높아진다.

사랑과 신뢰는 상호적이다. 법이나 매너, 가격처럼 우리가 중요하게 여기는 것들을 비롯해 일상적인 경험 중 정말로 많은 것을 우리는 모두 함께 창조한다. 그리고 우리가 무엇을 제공하는가에 따라 그 대상은 개선되거나 악화된다. 따라서 제임스는 다른 사람을 대하는 행동 패턴과 어조가, 우리가 내세울 수 있는 주장보다 훨씬 더 중요하다고 믿었다. 믿음이 강했던 제임스는 사망하기 1년 전 여자단과대학 졸업식 축사에서 "인류의 모든 역사는 우리가 누구의 '패턴과 어조'를 취하고 모방하는지에 달려 있다"고까지 말했다. 그는 "물론 '어조'라는 것이 몹시 애매한 단어이긴 하지만 … 다른 선택지가 없다"라고 인정했다. 왜냐하면 "인류는 어조로 모든 것을 잃어버릴 수도, 구원받을 수도 있기" 때문이다.[58] 그는 민주주의 전체가 어조에 달려 있다고 했다.

메리는 혁명의 발상지에서 몇 킬로미터 정도 떨어진 곳에서 자랐다. 이제는 성인이 된, 존과 애비게일 애덤스의 손자들이 길 바로 아래쪽에 살고 있었다. 메리의 아버지는 내전에서 북군을 구조하는 데 협조했다. 이 모든 미국적인 것들 가운데서도 메리는 결코 아주 자유롭다고 느끼지 못했다. 더 나아가 소위 민주주의하에서도 타인을 억누르는 공식·비공식 권력이 결코 적지 않음을 알게 됐다. 아울러 아버지의 동료 집단, 자신의 고등학교 동기들, 여자단과대학의 열정적인 환경을 통해서, 동료들 사이에서도 매우 다른 목적을 이루려는 서로 다른 파워가 나타날 수 있다는 것도 알게 됐다. 졸업논문을 쓸 때가 된 그는 이른바 민주주의의 중심인 워싱턴 D.C.에 있는 권력의 본질을 논문의 핵심 주제로 삼았다.

폴릿은 미국 하원의장 직책을 맡았던 남성 39명을 연구했고, 찰스 톰슨까지 거슬러 올라가 톰슨이 서기로서 맡았던 유사한 역할까지 살펴봤다. 의장은 권한 행사 대상이 헌법으로 규정되지도 않고 조직도에 표시되지도 않지만, 그 직책보다 권한이 높은 사람은 현직 대통령밖에 없다고 인식돼왔다. 역사 기록을 검토하는 것으로 만족하지 못했던 폴릿은 그들의 패턴과 어조를 파악하고, 그들의 성공 혹은 실패 원인을 찾아내기 위해 생존한 모든 하원의장을 인터뷰했다.

마침내 그가 내린 결론은, 가장 효율적인 리더들은 위계적 직책에서 나오는 권력에 의존하지도, 각자의 파워(말하자면, 토론을 잘하거나 대중 연설에 뛰어난 재능 따위)에 기대지도 않는다는 것이었다. 오히려 그들은 폴릿이 '성문화되지 않은 관행unwritten practice'⁵⁹이라 표현한, 공식·비공식 권력이 둘 다 관여하는 창의적인 테크닉의 혼합체를 개발해냈다. 성공적인 리더는 종종 매우 복잡하게 얽힌 위원회나 분과 위원회에서 동료들이 스스로 게임 속 말이 아니라, 주어진 상황에서 과제를 해결하기 위해 하나의 그룹으로 파워를 함께 창출하는 존재라고 느끼게 했다.

논문을 제출하자, 여자단과대학 담당 교수는 그가 이룬 성취에 몹시 놀랐고 논문을 발표할 수 있도록 도와줬다. 그 논문을 엮어낸 책을 이제는 리더십 분야의 기념비적인 책이라고 불러도 좋을 것이다. 메리 파커 폴릿의 책은 엄청난 반향을 일으켰다. 『미국의 하원의장The Speaker of the House of Representatives』이라는 수수한 제목을 단 그 책은 《뉴욕 타임스》와 런던의 《더 타임스》에 리뷰가 실렸고, 경찰국장으로 재직 중이던 전도유망한 뉴욕 정치인 시어도어 루스벨트에게서도 극찬을 받았다.

메리 파커 폴릿, 자신을 발견하다

메리가 남자였다면 그의 책이 받은 환대가 일자리를 구하는 도약의 발판으로 작용해, 하버드대학교 같은 곳에서 교수직을 얻었을지도 모른다. 하지만 여성에게는 그런 경로가 열려 있지 않았다. 심지어 여자단과대학 교수들조차도 여학생을 가르칠 의무는 없었으며, 그저 자원해서 가르치는 것이었다. 이처럼 부족한 기회에 절망한 폴릿은 독립적인 저술가의 삶을 추구하기 위해 버몬트주의 숲속으로 그냥 도피해버릴까 고민하기도 했다.

그 계획의 이점 하나는 메리의 평생 연인이 된 여성과 숲에서 평화롭게 살 수 있다는 것이었다. 메리가 자신의 책 헌사에서 "I.L.B.에게"라고 비밀스럽게 언급한 사람이다. 어느 학교의 교장이자 메리보다 스무 살 많았던 이소벨 루이자 브릭스Isobel Louisa Briggs는 마찬가지로 메리와 함께하는 삶을 원했지만, 메리가 숲속으로 도피하도록 허락하지 않았다. 이소벨은 메리가 파워의 본질에 관한 글만 써서는 안 되며 더 많은 일을 해야 한다고 주장했다.

특히 보스턴 같은 도시들을 채운 엄청난 이민 물결과 함께 미국은 빠르게 변화했으며, 이렇게 새로 들어온 사람들은 미국의 별자리 관습을 시험대에 올려놓고 있었다. 폴릿은 중산층 여성들로 이루어진 진보 개혁가 집단들을 소개받았다. 그들은 사회를 새롭게 개혁하고자 '이민자 커뮤니티에서 이민자들과 나란히 살며 일할 수 있는 정착촌'을 세우는 혁신 사업을 막 개발한 상태였다. 새로운 이민 가정들이 넘쳐나던 보스턴의 가난한 지역인 록스베리에서 그들은 폴릿이 토론 클럽을 시작할 수 있게 자금을 제공했다. 폴릿은 젊은 사람들이 취업 훈련을 받도록 도왔다.

곧 그는 자신의 진보적인 동료들이 놓친 맹점을 알아차리게 되었다. 적절함에 관한 엄격한 관습 때문에 그들은 사람의 에너지가 어디서 생성되고 말살되는지 보지 못했다. 개혁가들이 명시한 목표는 이민자 가정을 미국적 삶 속으로 통합하는 것이었다. 그들의 프로그램은 여성과 아이에게는 실제로 효과가 있음이 입증됐지만, 핵심 유권자인 아버지들을 끌어들이는 데는 지속적으로 실패했다. 폴릿은 정착촌의 어조와 관련된 뭔가가 아버지들에게 환영받는 느낌을 주지 못했다는 사실을 알아차렸다. 그래서 미국 하원의 파워를 연구하고 책을 썼을 때와 같은 탐구 정신을 발휘하면서, 그리고 당연히 자신의 아버지가 겪었던 어려움을 회상하면서 질문을 던졌다. 아버지들은 어디서 편안하다고 느낄까? 그들이 우월감이나 평가에서 자유롭다고 느낄 수 있는 곳은 어디일까?

폴릿은 '기계정치'*의 '보스 정치인'이 통제한다고 인식되는 장

• machine politics. 대규모 이민으로 일부 도시에서는 이민자가 인구의 40퍼센트를 구성할 정도였지만, 일자리와 주택 등 다양한 면에서 차별과 불이익을 받았다. 이에 동부와 중부의 대도시에 기반을 둔 소위 보스 정치인들이 그 지역 커뮤니티와 이민자에게 직업과 복지 등 혜택을 제공하는 대가로 유권자들의 지지를 모았다. 이를 '기계정치(또는 정치기계)'라고 불렀다.

소인 살롱(술집)과 노조 회의장에서 남자들이 편안함을 느낀다는 사실을 알게 됐다. 보스들이 통제한다는 이유로, '좋은 정부'를 옹호하는 진보적인 이들은 그런 곳들을 없애고 싶어 했다.* 하지만 폴릿은 단점만큼이나 많은 장점도 봤다. 그곳에서 사람들은 서로를 알아가고, 마음을 열고서 자신의 어려움을 털어놓았다. 진정한 관계가 거기서 형성됐다. 따라서 폴릿에게 연구 자금을 주로 제공하던 쪽에서 '살롱반대위원회Anti-Saloon Committee'라는 새로운 단체의 의장을 맡아달라고 요청했을 때, 그는 수락하면서 조건을 하나 내걸었다. 위원회의 이름을 '살롱대안모색위원회Committee on Substitutes for the Saloon'로 바꾸자는 것이었다.[60]

그는 사람들을 끌어들이는 활기 넘치는 장소를 없애고 싶지 않았다. 그는 남성과 여성, 아이가 모두 동등하게 환영받는다고 느끼는 장소를 원했다. 그는 그런 장소가 이미 존재한다는 사실을 깨달았다. 바로 공립학교였다. 학교가 저녁에도 시설을 계속 개방하면 어떨까? 주변 이웃들이 필요에 맞게 학교를 이용할 수 있을 터였다. 정치 모임, 우표 수집 모임, 야구 리그와 같이 다양한 목적을 갖고 모이는 장소로 말이다.

많은 사람이 새로운 이민자들에게 장소와 파워를 제공한다는

---

* 19세기 후반에서 20세기 초반 기계정치에 반발해 중상류층 기업가, 노동운동가, 여성운동가 등 다양한 계층에서 개혁을 추구하는 움직임이 전개됐다.

아이디어를 미심쩍어했다. 기계정치의 보스들은 이 장소의 영향력이, 살롱이 유권자에게 미치는 영향력에 필적하지 않기를 원했다(오직 남성만 투표할 수 있었음을 기억하라). 학교 위원회들은 더 많은 비용을 부담하게 될까 봐 걱정했다. 정착촌 개혁가들은 자신들의 영역이 위협받을까 봐 걱정했다. 폴릿은 이런 의심 중 어느 하나도 피하지 않았다. 오히려 이런 긴장과 갈등을 끌어안았다. 그는 이들 그룹 중 어느 하나가 주도권을 잡거나 주도를 당하도록 내버려두지 않았다. 그들 모두를 참여시켰다.

록스베리의 한 학교에서 일어난 변화가 보스턴 전역의 더 많은 학교로, 그리고 전국으로 퍼져나가도록 폴릿은 구심점 역할을 했다. 생전에만 240개 넘는 도시에서 소위 '커뮤니티 센터 운동 community center movement'을 도입했고, 뉴욕시만 따져도 커뮤니티 센터의 수가 500개에 달했다.

한편 직업교육 분야에서 이룬 성공 덕분에 그는 직장여성위원회 위원으로 임명됐고, 다음에는 점점 더 격렬해지던 노동 분쟁을 다루기 위해 보스턴에 신설된 최저임금위원회 위원으로도 임명됐다. 이 업무 덕분에 폴릿은 기업 소유주, 노동자들과 함께 협상 테이블에 앉게 됐고, 거기서 소위 '기업 문화'라는 것을 처음으로 잠깐이나마 들여다볼 수 있었다. 갈등이 팽배하고 따분한 또 다른 위원회에서 일한다고 지루해할 사람도 많았겠지만, 그는 뭔가에 빠져들었다.

그곳에서 그는 각자 서로를 진정으로 필요로 하는 두 그룹, 고용주와 고용인이 테이블에 마주 앉은 모습을 관찰할 기회가 있었다. 선행을 베풀다가도 지루함이나 좌절감을 느끼면 떠나버릴 수 있는 중상류층 개혁가들과는 달리, 그들은 '어떤 방법'을 찾아내야 했다. 이는 폴릿이 열정적으로 고민해온 문제에 대해 탐색할 기회였다. 어지러울 만큼 여러 갈래로 나뉜 다양한 그룹에서 저만의 희망과 공포를 지닌 사람들이, 혼자서 해내는 수준보다 더 강력한 뭔가를 창조하기 위해 함께 노력할 수 있을까? 폴릿이 리더십 구루로서 세계적 명성을 얻도록 만든 깨달음은 이처럼 예상 밖의 장소에서 다가왔다.

별자리 사고방식 구축하기

여러 해 동안 메리 파커 폴릿은 더 많은 것을 이루기 위해 파워를 이용하는 더 좋은 방법이 있을 거라고 생각했다. 이제 그는 그 방법을 알게 됐다. 정해진 역할에 순응하도록 강요하거나, 부합하지 않으면 쫓아내버려서 황폐함을 키우는 피라미드 사고방식의 문제점을 깨달은 것이다. 그 문제를 해결하기 위해서 뭔가를 해야 했다.

첫 책이 나온 지 약 20년이 지나 50대가 되어가던 폴릿은 다시 글을 써야 할 시점이라는 결론을 내렸다. 미국인에게는 별자리와, 20세기의 여명을 상징하는 대규모의 산업화 사이에서 둘을 조화할 수 있는 안내자가 필요했다. 『새로운 국가The New State』라는 책의 서문에서 그는 이런 중요한 이해관계를 강조했다. "우리의 정치적 삶은 침체돼 있으며, 자본가와 노동자는 사실상 전쟁 중이다. … 그것은 우리가 아직 함께하는 삶을 배우지 못했기 때문이다."[61] 그는 자신이 이 중요한 개념을 깨닫고자 평생을 바쳐왔다는 사실을 깨달았다. 그리고 이소벨에게 이제는 그 아이디어를 실현하기 위해서 죽을 각오가 됐다고 말했다.

미합중국의 건립부터 공립학교에 방과후 프로그램을 개설하기까지, 미국 하원부터 정착촌까지, 이 모든 것의 성공은 소규모 그룹에서 서로가 서로에게 어떻게 대응하고 반응하는지에 달려 있었다. 폴릿은 여러 그룹을 관찰하고 동시에 참여하며, 우리가 그런 만남에서 온전하게 어떤 사고방식을 적용하는지에 따라 인간의 에너지가 창조되고 불붙을 수도, 혹은 시들해지거나 죽어버릴 수도 있음을 깨달았다. 각자 돋보이는 동시에 서로 조화를 이룰 수 있는 장소를 어떻게 만들까? 어떻게 하면 획일성을 요구하지 않으면서도, 내세우는 우선순위부터 근본적으로 다른 사람들을 통합할 수 있을까? 폴릿은 새로운 시대를 위해 별자리를 되살리고 싶어 했다.

이런 깨달음을 얻은 후, 그는 첫 번째로 수년 전에 자신이 시작한 토론 클럽의 문을 닫았다. 더이상 젊은이들에게 '승리'라는 목표를 세워서 말을 무기로 사용하는 법을 가르치고 싶지 않았다. 그 대신 그들은 다른 것을 배워야 했다. 바로 "살면서 하는 모든 일은 상호의존적"[62]이라는 사실이었다.

숙고해야 할 다음 사안은 회의였다. 그는 시민의 삶에서 모든 영역에 존재하는 수천 개의 위원회 회의에 참가해왔다. 회의에서는 가히 박사 학위 소지자라고 할 만했다. 우리 모두 그렇듯, 그는 회의가 얼마나 끔찍해질 수 있는지 알고 있었다. 하지만 그것은 회의를 잘못하기 때문이었다. 그는 회의에서 우리에게 가장 의미 있는 일이 일어나야 한다는 사실을 깨달았다. 그저 미래에 성장하고 변화할 계획을 세우는 것이 아니라, 바로 그때 그 자리에서 성장하고 변화해야 하는 것이다.

폴릿은 회의를 어떻게 진행해야 하는지 제시하는 매우 명료한 원칙을 개발했다. 회의에서 도출될 수 있는 결과는 네 가지인데, 그중 '오직 하나'만 바람직하다는 것이다.

나쁜 결과 1: 묵인. 그냥 포기한 채 다른 누군가가(일반적으로 가장 세게 밀어붙이는 사람이나 가장 직위가 높은 사람이) 원하는 대로 하도록 내버려둔다. 자기 자신의 소망·우려·경험을 그룹에 투입할 의무를 온전히 다하지 못했다는 의미다.

나쁜 결과 2: 승리. '이기는 것'이다. 다른 사람들을 괴롭히거나 마음을 사로잡거나 구슬리면, 회의에 들어올 때 내가 가졌던 아이디어를 모든 사람이 묵인하도록 설득할 수 있다. 하지만 그 과정에서 다른 모든 사람은 기여할 능력을 잃어버린다.

나쁜 결과 3: 타협. 우리 대부분은 타협이 좋은 결과라고 생각하지만, 타협은 그저 모든 참가자가 조금씩 묵인하도록 만드는 관행일 뿐이다. 만족한 채로 떠나는 사람이 아무도 없는 만큼 성장하지도, 그룹 차원에서 투자하지도 않는다.

유일한 좋은 결과: 통합. 통합은 최종 선택지를 의미하는 폴릿의 용어이며, 한 그룹의 모든 구성원이 새로운 뭔가를 함께 만들어낼 때만 일어난다. 그 새로운 뭔가는 진정으로 개인의 것이며 '또한' 그룹의 진정한 산출물이기도 하다. 나는 그 안에 속해 있고, 그룹은 나의 것이다. 그 결과로 나의 개별성이 약화되지도 않는다. 오히려 개별성은 강화된다. 이 결과는 용광로가 아니다. 샐러드도 아니다. 별자리다.

찰스 톰슨이 국새 최종본을 만들기 위한 세 차례의 위원회를 통해 성공적으로 전달한 것은 타협이 아닌 통합의 정신이었다. 이는 지미 웨일스가 성장하는 커뮤니티와 함께 위키피디아의 원칙을 개발하면서 담았던 정신이다. 그리고 디 호크 역시 시스템 안에 존재하던 크고 작은 다른 은행들과 뱅크오브아메리카가 통합할 수 있도록 했다.

메리 폴릿의 회의는 상호의존의 형태를 보여주는 작은 단위다.

폴릿은 미국 하원부터 정착촌까지 자신이 살펴본 모든 장소에서 에너지가 불붙고 창출되거나 억제되고 죽어버리는 모습을 관찰하며, 우리가 에너지의 물꼬를 틀어서 각자가 지닌 부분의 합보다 더 큰 무언가를 이룰 수 있다는 사실을 알게 됐다. 서로서로 이런 에너지와 파워를 창출하려면 "다르다는 이유로 마음을 닫기보다는, 서로 다르므로 그 차이를 환영해야 한다. … 더 큰 개념 속으로 흡수되는 모든 차이는 사회를 풍요롭게 하는 자양분이 되지만, 무시당한 모든 차이는 사회를 먹이로 삼고 결국은 파괴한다."[63]

그리고 폴릿에게 상호의존은 서로 수동적으로 연결된 상태가 아니었다. 상호의존은 적극적인 동사이자 선택이었다. 그는 소그룹이 "각자 자기 자신을 발견하기 위해 필수불가결한 수단"[64]이라고 믿었다. 피라미드 사고방식은 모든 사람이 의존적이거나 독립적이 되도록 강요함으로써 차이가 품고 있는 잠재적 에너지를 낭비하게 만든다. 의존은 각 개인의 잠재력을 묻어버리며, 독립은 더 큰 무언가 혹은 다른 누군가에게 기여하지 않기 때문에 개인의 정체성이 성장하지 못하도록 억압한다.

별자리 도약을 이룬 다른 사람들처럼, 폴릿도 각자 자신의 삶에 적용할 수 있는 방식으로 상호의존하기 위한 일련의 원칙, 습관, 정서를 분명하게 표현해야 한다는 점을 알았다.

모든 회의에서 우리가 가져야 할 기대는 다음 세 가지로 압축할 수 있다.

다른 사람들이 필요하리라고 기대하라. 어떤 것을 함께 만들어내기 위해서, 차이와 다양성이 유익한 결실을 가져오도록 하겠다는 의도를 품고 회의에 들어가라.

당신이 다른 사람들에게 필요해지리라 기대하라. 온 마음을 다해 회의에 참여하라. 최선을 다해 힘든 질문을 던지고 거기에 대답하라. 서로 신뢰하는 환경에서 어떤 방향을 향하건 상관없이 꾸준히 질문하고 답하라.

당신이 변화하리라고 기대하라. 그렇다. (요즘 흔히 말하는) '당신만의 진실your truth'을 그 만남에 가져가야 한다. 하지만 폴릿은 다른 사람들이 그 진실에 영향을 주도록 허용할 호혜적 의무도 있다고 주장한다. 자신이 회의에 들어갈 때와는 상당히 다른 사람이 되어 회의 장소를 떠날 거라고 기대해야 한다.

통합에 성공한다면, 우리는 '무언가를 만들어낸' 셈이다. 당신은 그것의 일부이고 그것은 당신의 일부다. 하지만 이 점이 중요하다. 그 속에서 당신 자신을 잃어버려서는 안 된다. 함께 창조하는 더 큰 활동에 파워를 부여하더라도 자신의 파워는 줄어들지 않는다. 당신의 파워는 증가한다. 다른 사람들도 누구나 마찬가지다.

북부에 사는 일부 토착민에게는 '눈snow'을 의미하는 단어가 무수히 많고, 고대 그리스인에게는 '사랑'을 의미하는 단어로 최소한 네 가지가 있었다는 사실은 유명하다. 그렇다면 폴릿에게는 회의 중에 일어나는 상호창조 과정을 의미하는 단어가 일곱 가지 있었다.[65] 섞어짜기interweaving, 스며들기interpenetrating, 얽히기interlacing, 엮기interknitting, 혼합하기intermingling, 호혜적 대응reciprocal response, 중간활동activity-between이다. 그가 싫어한 단어도 많았다. '흡수된absorbed'과 '동화된assimilated' 같은 단어는 마치 사람들이 개별성을 잃어버린 것처럼 들린다는 이유로 싫어했다. 그렇게 돼서는 안 되는데 말이다. 상호창조 과정에서는 스스로를 '더 자신답게' 만들어야 한다.

지난 10년간 미국의 기업 인사부서에 확고하게 뿌리를 내린 유용한 문구가 있다. "다양성은 사실이고, 포용은 선택이다diversity is a fact; inclusion is a choice."[66] 이 문구의 요점은, 다양성은 우리 주변 어디에나 있고 항상 그래왔으며, 다양성을 인정하는 게 첫 단계이긴 하지만 그걸로 충분하지는 않다는 것이다. 포용은 행동이다. 즉, 다양성과 관련해 우리가 하겠다고 '선택한' 일이다. 그런 다양성이 회사, 팀, 회의 등에서 포용될 수 있도록 적극적으로 노력해야 한다. 하지만 메리 폴릿은 거기서 멈춰서는 안 된다고 말할 것이다. 그걸로는 턱없이 부족하다. 포용으로 적절한 사람을 테이블에 앉힐 수는 있지만, 힘든 작업은 '그때부터' 시작된다. 우리가 할 일은 개인의 성취보다 더 큰 뭔가를 만들어내기 위해 사람들 사이에서 에너지와 유대가 생겨나도록 하는 일이다. 폴릿이라면 그 문구를 이렇게 수정할지도 모른다. 다양성은 사실이고, 포용은 선택이다. 공동창조는 우리의 일이며, 상호의존은 그 미래다.

폴릿, 구루가 되다

1920년대 기업 리더는 폴릿의 통찰이 어떻게 자신에게 적용될 수 있는지 파악한 초기 인물들이다. '사업가'는 이제 막 전문적인 직업으로 존경받는 중이었다. 비록 엄청난 부가 상황을 바꿔놓기 시작했지만, 사회적으로 사업은 사법이나 의료, 건축과 비교할 때 지저분한 일로 여겨졌다. 어떤 이는 섬유를 제조하고 다른 이는 과자를 만드는 식으로 회사의 규모와 복잡성이 커지면서, 기업주와 경영자들은 경영상의 고민들이 똑같다는 사실을 깨달았다. 폴릿의 업적을 흠모했던 사업가들(모두 남자였다)로 구성된 한 소그룹에서는 그를 뉴욕으로 초청하여, 최초의 전문적 자기계발 세미나에서 전국의 기업 리더들을 위해 강의를 해달라고 요청했다.

그들의 공통된 어려움은 '어떻게 하면 대규모의 다양한 그룹이 화합하여 좋은 성과를 거둘 수 있는가'였다. 지난 수십 년 동안 기업 리더들은 전지전능한 기업가 한 명이 독단적으로 파워를 행사하고 부하 직원에게 명령을 내지르는(스크루지를 생각해보라) 옛날식 모델이 직원 사기와 사업 양쪽 모두에 나쁘다는, 남들은 다 아는 사실을 (마침내) 알게 된 것이다. 실제로 폴릿이 요즘으로 치면 CEO 대상 순회 연설을 하던 당시, 이 새로운 비즈니스 영역에서는 이른바 '과학적 관리법scientific management'이라는 트렌드가 우세했다.

과학적 관리법의 창시자인 프레더릭 테일러Frederick Taylor는 사업을 '비인격화depersonalization'하고 싶어 했다. 찰스 디킨스의 소설에나 나올 법한 드라마는 모두 들어내버리고, 전문가를 도입해 업무 과정을 근본적으로 기계화하는 것이다. 그는 공장 노동자의 신체 움직임에 자리한 비효율을 모두 제거하기 위해 노동자들을 면밀히 관찰하라고 기업을 독려했다. 그의 아이디어는 확고하게 자리를 잡았고, 기업이 노동자를 지켜볼 관리자를 더 많이 채용하도록 독려했다. 1910년 이후 10년 동안, 관리자 수의 증가 속도는 급여 생활자 수의 증가 속도보다 두 배나 높았다. 그 결과 노동자들은 자신이 일종의 피라미드인 "고도로 계층화된 조직의 가장 밑바닥"[67]에 있다고 느꼈다. 테일러는 자기 아이디어로 이루어낸 진보가 너무 위대한 나머지, 노동자와 경영진 사이의 언쟁은 모두 사라질 거라고 예측했다. 하지만 실제 일어난 일은 정반대였다.

폴릿은 단연코 스크루지로 돌아가고 싶어 하지 않았다. 높은 사람이 휘두르는 독단적 파워가 얼마나 치명적일 수 있는지 직접 경험하여 알았기 때문이다. 또한 그는 '비인격화'가 인간에게 실제로 해를 입힌다는 사실도 알고 있었다. 공장 현장에서 하얀 재킷을 입고 클립보드를 든 채 자신의 모든 움직임을 모니터링하는 사람에게 파워를 빼앗기는 일은 매우 모욕적이다. 자신이 마치 기계 속의 수많은 톱니바퀴 중 하나 같다고 느끼는 것은 매우 모욕적인 일이었다. 테일러의 과학적 평가기준scientific specification에 맞춰서 측정할 수는 없지만 그런 감정들도 모두 감안해야 했다.

대신 폴릿은 각자 겪는 어려움에 적절한 방식으로 대처하도록 '재인격화re-personalization'를 요구했다. 후에 그의 대표적인 연설이 된 한 강연에서, 그는 리더들에게 모든 구성원이 자기 관점을 공유하며 각자의 지식을 회의 테이블로 가져와 당면한 문제를 다양한 각도에서 연구하도록 허용하라고 독려했다. 팀에서 이렇게 일한다면, 독단적인 개인 파워라는 함정과 (그것과 쌍둥이처럼 닮은) 비인격화된 파워라는 위험을 피하면서도 여전히 파워를 가질 수 있다. 하지만 그 파워는 다른 사람에게 '행사하는 파워power-over'가 아닌 '함께하는 파워power-with'[68]가 될 것이다.

폴릿의 '함께하는 파워' 강연은 대히트를 쳤다. 마치 테드 강연처럼 빠르게 입소문이 퍼져나갔고, 전국에서 강연 요청이 빗발쳤다. 1925년 그는 이그제큐티브 콘퍼런스 그룹Executive Conference Group의 기조연설에서 메이시스, 메트라이프, 제너럴모터스, 스탠더드오일, AT&T와 같은 미국 최고 대기업의 리더들을 대상으로 강연을 했다. 런던정경대학 학장이 런던에 와서 전국 규모의 회의를 이끌어달라고 초대할 정도였다.

폴릿이 최고의 명성을 누리던 1929년에 주식시장이 붕괴됐다. 기업들은 더이상 개선을 기대하지 않았다. 그저 현상을 유지할 수 있기만을 바랐고, 생존이 다른 모든 것을 가려버렸다. 폴릿 역시 살아남기 위해 고군분투하고 있었다. 그는 막 이소벨을 암으로 잃은 상황이었는데, 전기 작가였던 조안 톤에 따르면 이는 자기 자신의 죽음을 경험하는 것과 같았다.[69] 그리고 1933년 12월 18일, 그녀 역시 65세의 나이로 암에 굴복하고 말았다.

《뉴욕 타임스》에는 그의 부고가 실리지 않았다. 수십 년 후에 하버드경영대학원이 드러커를 필두로 구루들의 구루 명단을 발표했을 때도 그에 대해서는 언급조차 없었다. 드러커에 따르면, 폴릿의 유명한 연설과 저술에 관한 거의 모든 기억이 사실상 10년 만에 사라져버린 것이다. 그는 폴릿이 이처럼 전적으로 잊힌 이유를 당시의 계급 성차별주의rank sexism만으로는 완전하게 설명할 수 없다고 느꼈다. 그는 이렇게 썼다. "유일하게 가능한 설명은 그의 아이디어, 개념, 행동 수칙이 1930년대와 1940년대에 '거부당했다'는 것이다." 그 시기란 대공황, 2차 세계대전, 냉전과 같은 국가적 위기 상황에 단일체로 대응하던 피라미드의 시절이었다.

'함께하는 파워'가 무한하고 새로운 기회를 제공한다는 흥분을 경험하다가, 유한한 파워를 두고 암울한 제로섬의 사재기를 하게 되기까지, 그 시기에 파워를 향한 인식이 얼마나 많이 변했는지 보여주기 위해 드러커는 폴릿이 사망한 지 불과 3년 만에 『정

치: 누가 무엇을, 언제, 어떻게 갖는가Politics: Who Gets What, When, How』라는 책이 베스트셀러 자리에 올랐다는 사실을 지적하기도 했다.[70]

아깝게 비껴가다

그 후 수십 년이 지나는 동안 폴릿의 업적이 재발견된 적도 종종 있었지만 결코 제대로 조명된 적은 없었다. 하지만 경영과 관련된 현대의 유명한 아이디어라면 어디서나 그의 흔적을 찾아볼 수 있다. 베를린장벽이 무너지고 월드와이드웹이 떠오른 1989년, 드러커의 제자가 출간한 비즈니스 자기계발서가 그해의 베스트셀러에 올랐다.

스티븐 코비는 습관에 토대를 둔 참신한 사고와 행동 방식을 새로운 세대에게 전달하려고 노력했다. 『성공하는 사람들의 7가지 습관』(이하 『7가지 습관』)은 새로운 자유의 시대이자 자유의 불안한 쌍둥이인 불확실성의 시대에 타이밍을 완벽하게 맞춰 등장했다.

이 책의 요점은 습관을 두 그룹으로 나누는 것이다. 첫 번째 그룹은 의존에서 독립으로 나아가도록 도와주는 습관들이고, 두 번째 그룹은 독립에서 상호의존으로 나아가도록 도와주는 습관들이다. 코비는 두 번째 그룹이 더 중요하다고 봤다. 그가 제시한 상호의존을 위한 습관들을 한번 살펴보자. .

▶ 승-승을 생각하라: 상호 혜택이 될 수 있는 해결책을 찾으라.
▶ 먼저 이해하고 다음에 이해시켜라: 공감하는 마음으로 귀를 기울이라.
▶ 시너지를 내라: 팀워크를 통해 강점을 병합하라.

이 습관 각각에서 폴릿을 발견할 수 있다. 폴릿의 시대에 그랬던 것처럼, 이 아이디어들은 엄청난 관심을 받았다. 『7가지 습관』은 다음 해에도 차트 꼭대기에 머물렀다. 다음 해에도, 그다음 해에도 그랬다. 시대를 초월한 그 분야 베스트셀러로 오늘날에도 '여전히' 최신 베스트셀러의 최상위권을 차지하고 있다.

하지만 출간 15년 후 코비는 한 가지 분명한 사실을 깨달았다. 우리가 개인적으로는 쉽게 독립할 수 있어도 상호의존하는 습관을 습득하는 데는 많은 어려움을 겪는다는 것이다. 출판 15주년 기념판에서 코비는 상호의존이 독립보다 열 배는 더 중요하고 열 배는 더 어렵다는 사실이 분명히 전달됐기를 희망한다는 말을 덧붙였다.[71] 같은 해에 코비는 '상호의존이 독립보다 가치가 더 크다'는 사실을 강조하겠다는 한 가지 목표를 위해 『성공하는 사람들의 8번째 습관』이라는 책을 출간했다. 그 후로 또 15년이 지났지만, 주변을 둘러보면 우리는 상호의존에 조금도 더 가까워지지 않은 것 같다. 이 습관들은 왜 이토록 갖추기 어려울까? 무엇이 문제일까?

피라미드 사고방식은 너무도 은밀히 퍼져나가기 때문에 스티븐 코비조차도 이 사고방식이 여전히 숨어서 도사리고 있다는 사실을 깨닫지 못했던 것이다.

다음 내용을 고민해보자. 의존에서 독립으로 나아가는, 첫 번째 그룹에 속한 습관들의 목적은 '개인의 **승리**private victory'다. 독립에서 상호의존으로 나아가는 두 번째 그룹의 목적은 '대인관계의 **승리**public victory'다. 그리고 (이 책 4장에 나오는) 상호의존의 첫 번째 습관은 '승-승을 생각하라'는 것이다. 승리, 또 승리다. 이기고, 또 이긴다. 별자리 사고방식에서는 승-승이 패배의 공식이라고 말한다. 하지만 승리는 피라미드 사고방식에서 우리 대부분이 떨쳐버리기 가장 어려워하는 측면이기도 하다.

이렇게 한번 해보자.

이기는 것의 반대가 뭐냐고 물으면 당신은 물론 '지는 것'이라고 답할 것이다. 하지만 내가 거기서 그치지 않고, 그럼 이기고 지는 것의 반대가 뭐냐고 당신을 몰아세운다면? 10명 중에 9명은 '빠져 있기'나 '경기하지 않기', '참여하지 않기'라고 답할 것이다. 좋다.

만약 이기고 지는 것의 반대가 빠져 있기라면, 그 반대의 논리도 성립한다. 빠지지 않는다면, 당신은 승패를 가르는 곳에 들어온 셈이다. 당신은 활발하게 활동하며 '게임'에 참여하고 있다.

하지만 이제 다른 질문을 몇 개 해보자.

▶ 당신은 대부분의 우정에서 이기고 있는가?
▶ 어머니와 당신의 관계는 승–승인가?
▶ 결혼 생활에서 배우자가 가장 크게 이겼던 사건은 무엇인가?

우리 삶에서 가장 중요한 활동, 우리가 참여하고 몰두한다는 느낌을 가장 많이 받는 활동들은 이길 수 있는 것이 아니다. 결혼이나 가족, 교우관계에서는 이길 수 없다. 이기려고 노력하다 보면 그런 것들을 잃을 수 있다는 건 확실하지만 말이다. 하지만 '이긴다는 생각'은 우리 삶의 모든 측면에 침투해 있다.

나는 딸의 졸업식에서 어느 성공한 기업가가 들려준, 상투적이지만 선의가 가득한 조언을 기억한다. 많이 알려진 조언이지만 다시 한번 언급하자면 "삶은 단거리경주가 아니라 마라톤"이라는 것이었다. 모두가 고개를 끄덕인다. 하지만 단거리경주와 마라톤은 다른 면보다 닮은 면이 더 많고 같은 전제를 공유한다. (1) 삶은 이기거나 지게 되는 경주다. (2) 정해진 한 방향으로 나아간다. (3) 혼자서 달린다. 이것이 일을 할 때 우리가 가지는 피라미드 사고방식이다. 예측 가능한 코스를 따라 정해진 목적지로 가도록 우리를 구속하고, 주위 모든 것을 향한 우리 자신의 니즈를 가린다. 누군가가 이긴다면, 어디선가 누군가는 반드시 져야 한다. 이것이 바로 50세의 폴릿이 25년 전 시작한 토론 클럽을 폐지한 이유다.

이기고 지는 것의 반대는 무엇일까? '놀기'는 어떤가? '참여하기'는 어떤가? 아니면 더 좋게는 '큰일을 함께하기'는 어떨까? 이것이 폴릿이 모든 회의에 참석할 때, 매일 업무를 대할 때 갖고자 하던 사고방식이다. 다른 사람들에게 자신이 필요해지리라 기대하고, 우리가 다른 사람을 필요로 하리라 기대하고, 변화하리라 기대하라는 것이다. 별자리 사고방식은 우리가 참여하고 몰두한다는 느낌을 가장 많이 받으면서 하는 일, 우리가 가장 아낄 뿐만 아니라 결코 이길 수 없는 일에서 파워를 이끌어낸다. 바로 '관계 맺기'다.

『7가지 습관』의 성공으로 인해 온전한 컨설팅 제국과 리더십 센터가 지어졌다. 이들은 책의 메시지가 책장을 벗어나 업무 현장에 전달되도록 하는 데 전념했다. 다음 그림에서 코비가 개인의 승리 모델과 대인관계의 승리 모델을 어떻게 제시하는지 살펴보라.[72]

여기 있는 삼각형, 혹은 내게는 피라미드로 보이는 문양들을 알아보겠는가? 나는 이 그림을 보면서 알아차릴 수밖에 없었다. 별자리로 향하는 길잡이가 되기를 바랐던 코비의 예시에도 피라미드 사고방식이 스며들어 있었다.

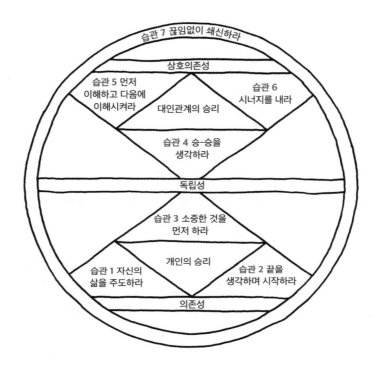

판매량에서 코비의 책과 진정한 경쟁자였던 유일한 경제경영서 짐 콜린스의 『좋은 기업을 넘어 위대한 기업으로』는 2001년도에 발간됐다(나는 이 책을 정말 좋아했다. 다른 사람들에게 아주 많이 선물했던 책들 중 하나다). 콜린스는 1990년대 후반 인기가 최고조에 달했던 유형의 CEO 숭배를 직감적으로 거부하고, 개인 대신 기업에 초점을 맞췄다. 그와 연구팀은 '경영연구소'를 차리고, 상장기업 수천 곳의 데이터를 철저히 분석해 최고경영자를 제외한 성공의 바탕과 비결을 찾아내고자 했다.

하지만 연구팀은 모두를 놀라게 한 사실을 발견했다. 데이터가 시사하는 바에 따르면 모든 '위대한' 기업의 리더에게는 공통점이 있었기 때문이다. 리더들은 매우 겸손했고 심지어 수줍음을 많이 탔다. 그들은 자신에 관한 이야기는 거의 하지 않았다. 게다가 그들에게는 뭔가 다른 것이 있었다. 믿을 수 없을 만큼 강한 투지와 야망을 가졌지만, 그들 자신을 위한 마음이 아니었다. 그룹의 성취를 위한 것이었다.

왠지 익숙한 이야기처럼 들리지 않는가? 이들 리더는 돋보이는 '동시에' 어우러질 줄 알았다. 다른 이들을 위한 공간을 만들어내는 사람이며, 모두가 아는 전형적인 '승자'가 아니었다. 이들은 주변 모든 사람의 에너지를, 호크의 독특한 단어를 활용하자면 '끌어내어educing' 유대감을 돈독하게 했다. 콜린스는 이들을 '단계 5의 리더'라고 불렀고, 이들이 "결코 받들어 모셔지기를 바라지 않았다"[73]라고 썼다. 하지만 콜린스는 정확하게 그곳에, 바로 다음 그림에서 보이듯 피라미드의 꼭대기에 그들을 올려놓았다.[74]

콜린스는 리더들이 5단계에 도달하기 위해 실제로 1부터 4까지 단계를 밟아왔는지는 모른다는 사실을 인정한다. 그 리더들이 어떻게 5단계의 기술, 습관, 관점을 개발했는지 그의 팀은 모른다는 사실도 망설임 없이 언급한다. 그는 '5단계 리더가 되기 위한 10단계 과정'이란 책을 출판하고 싶지만 그 방법을 모를뿐더러 그런 책이 이들의 재능을 하찮아 보이게 할까 봐 걱정한다. 『좋은 기업

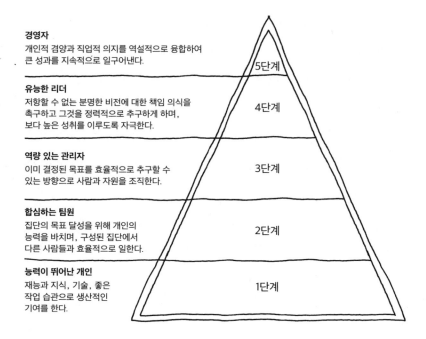

경영자
개인적 겸양과 직업적 의지를 역설적으로 융합하여
큰 성과를 지속적으로 일구어낸다.

5단계

유능한 리더
저항할 수 없는 분명한 비전에 대한 책임 의식을
촉구하고 그것을 정력적으로 추구하게 하며,
보다 높은 성취를 이루도록 자극한다.

4단계

역량 있는 관리자
이미 결정된 목표를 효율적으로 추구할 수
있는 방향으로 사람과 자원을 조직한다.

3단계

합심하는 팀원
집단의 목표 달성을 위해 개인의
능력을 바치며, 구성된 집단에서
다른 사람들과 효율적으로 일한다.

2단계

능력이 뛰어난 개인
재능과 지식, 기술, 좋은
작업 습관으로 생산적인
기여를 한다.

1단계

을 넘어 위대한 기업으로』 말미에 콜린스는 자신과 팀 구성원들
모두 이들 리더에 관한 글을 쓰며 언젠가 그들처럼 위대해지고
싶을 만큼 깊은 감동을 받았지만, 자신들은 그런 성취를 결코 이
룰 수 없을 것 같아 두렵다고 밝힌다.

폴릿이라면 '경영연구소'가 찾는 무언가를 결코 발견할 수 없다
고 이야기할 것이다. 폴릿이 전해준 교훈(그리고 지미 웨일스와 디
호크가 보여준 교훈)은 마법이 특정한 리더에게 외따로이 존재하지
않는다는 점이다. 마법은 리더와 그룹 사람들 사이에 상호적으로
존재한다. (그림에서처럼) '능력이 뛰어난 개인'이라는 1단계에서

시작해 차례대로 단계를 밟아 피라미드를 올라서 5단계의 위대함을 달성하기를 바랄 수는 없다. 위대한 성취는 정해진 목적지를 향한 고독한 경주가 아니다. 다른 사람들을 향해, 그리고 그들과 함께, 그들을 통해 이루는 도약이다.

이런 아이디어는 나약함이나 감성적인 것과는 거리가 멀다. 폴릿은 최고 CEO들이 모인 그룹에서 유명한 기조연설을 하며 이렇게 말했다. "협력이 경쟁보다 훨씬 더 어렵다고 판명될 것이므로, 협력으로 인해 물렁한 사람이 생겨날 수 있다는 위험은 전혀 존재하지 않습니다."[75]

앞으로 살펴보겠지만, 가장 많이 인용되는 20세기의 리더는 폴릿의 말에 동의한다.

4장
내려놓기

효과적인 팀은
서로의 결점에 대한
관용을 보인다.

메리 파커 폴릿이 사망하고 7년이 지난 후인 1940년, 루스벨트 대통령은 대공황과의 전쟁에서 성공을 거두었으나 아직 승리한 상태는 아니었다. 하지만 대서양 건너에서는 많은 사람이 거의 모든 것을 잃어버렸다고 느끼고 있었다. 영국에서 '가장 어두운 시기'*를 보내는 동안 나치는 유럽 전역을 휩쓸었고, 런던에서도 폭격이 진행 중이었다.[76] 미국 국민들은 1차 세계대전으로 여전히 전쟁에 지쳐 있었고, 또 다른 역외 갈등에 관여하고 싶어 하지 않았다. 윈스턴 처칠은 미국의 전쟁 참여만이 히틀러의 유럽 전역 지배를 막을 수 있는 유일한 희망이라고 생각했다. 루스벨트는 처칠이 아마도 옳다고 여겼고, 이 전쟁에서 빠져 있는다면 향후 수 대에 걸쳐 강력한 파시스트 적과 직면하게 될 가능성이 높아지리라는 사실을 이해하고 있었다. 하지만 그로서도 어쩔 수 없는 상황이었다.

1938년, 루스벨트는 조지프 케네디(존 F. 케네디의 아버지)를 주영 대사로 임명하고 런던으로 보냈다. 당시에는 루스벨트가 다음

---

* darkest hour. 1940년 6월 18일 윈스턴 처칠의 연설에서 유래한 말로, 나치 독일 등 추축국과 전쟁을 치르던 2차 대전 초기 연합군의 어두운 상황을 가리킨다.

번 민주당 후보로 자신에게 도전하지 못하도록 케네디를 보냈다는 소문이 돌았다. 케네디는 부유했고 연줄이 많았다. 또한 본인의 야망을 별로 숨기려 하지 않는 것처럼 보였다. 그는 자비를 들여 런던에 있는 미국 대사관을 오벌 오피스*의 복제판으로 만들었다. 바로 짐 콜린스가 경계하는 유형의 리더였다.

이 가장 어두운 시기에 케네디는 사적인 자리에서 "영국은 사라졌다"고 말하기도 했다. 그는 "미국과 독일 사이의 이해를 더 높이기 위해" 히틀러와의 만남을 추진했다. 나치 대사인 헤르베르트 폰 디르크센은 자신의 상사에게 케네디가 런던에 있는 "독일 최고의 친구"이며 그는 "우리의 유태인 정책을 전적으로 이해한다"라고도 말했다. 케네디 또한 자신의 행보가 "100퍼센트 유화할 목적"이라고 했다. 마침내 케네디는 공식적으로 목소리를 냈다. "우리가 (이 전쟁에) 참여할 이유는 전혀 없다. 우리가 책임을 뒤집어쓰게 될 뿐이다."[77] 그는 영국에 남아 있는 미국인들에게 영국을 탈출하라고 조언하면서 영국에는 "승산이 없다"고 말했다.

이 시기는 역사에서 위대한 '만약에'의 순간들 중 하나로 남았다. 만약에 히틀러를 달랠 수 있었고, 미국의 여론이 여기에 영합했다면 어땠을까? 엄격하게 정치적으로 말한다면 이는 리스크가

---

*   oval office. 미국 백악관의 대통령 집무실.

작은 승부수였다. 하지만 공교롭게도 루스벨트는 시간을 벌기로 결심했다. 그는 히틀러와 싸울 준비가 되지 않았지만, 자신이 임명한 대사가 더 심한 선전 공세를 하도록 내버려둘 마음도 없었다. 루스벨트는 케네디를 소환하고, 그 자리에 존 길버트 위넌트 John Gilbert Winant라는 사람을 보냈다. 이는 이 전쟁에서 가장 중요하면서도 사람들의 기억에는 가장 덜 남은 결정이라고 할 만하다. 이 결정이 전쟁을 이기게 할 영미 동맹의 별자리 위에 처음으로 그린 연결선이었기 때문이다. 이 연결선은 곧 '특별한 관계 Special Relationship'라는 명칭으로 알려지게 되었다.

다른 패턴과 어조 설정하기

위넌트 임명은 관습을 벗어난 선택이었다. 그는 대통령의 반대파 정당 출신이었고, 통상적인 정치인도 아니었다. 그는 달변가가 아니었다. 타고난 성격이 수줍은 편이었으며 말을 더듬었다.[78] 그는 아프리카계 미국인을 위한 시민권 확대, 여성과 어린이를 위한 주당 노동시간 축소(48시간), 최저임금 인상, 대형 은행 규제, 사형제 폐지를 주장하는 공약으로 보수적인 뉴햄프셔주에서 주지사로 출마했고 승리했다. 그리고 재선에서 두 번째 승리를 거뒀다.

영국에 도착해 비행기에서 내린 그 순간부터 위넌트는 자신의 전부를 바쳐서 영국의 명분이 곧 미국의 명분이 되도록 노력했다. 영국 왕 조지 6세는 미국 대사가 탄 기차가 도착하는 장소에 나가서 그를 직접 맞았는데 이는 전무후무한 일이었다. 위넌트는 자신의 입장을 즉시 분명하게 밝혔다. "지금 이 시기에 제가 있고 싶은 장소는 영국 외에는 없습니다."[79]

다음 날 아침 모든 신문이 이 말을 인용하며 1면 기사로 실었다. 위넌트를 환영하는 오찬에서 처칠은 이렇게 말했다. "대사님, 우리는 당신과 목표를 함께할 것입니다. 위험도 함께할 것입니다. 불안도, 우리의 비밀도 함께할 것입니다. 그리고 승리의 왕관인, 준엄하지만 찬란한 의무를 함께할 시기가 올 것입니다."[80]

위넌트는 화려한 대사관저에 살기를 거부했다. 대신 그는 대사관 근처에 작은 아파트를 얻었다. 폭격이 끝나면 건물 잔해를 치우는 일을 도왔고, 공습 대피 지도원, 소방관, 구조원, 피난처에 있는 가족들에게 도울 일이 없는지 물어보며 밤늦은 시간까지 런던 거리를 돌아다녔다. 매일 전화와 편지로 워싱턴과 연락하면서, 그는 루스벨트의 팀에게 영국인들과 함께 히틀러에 맞설 것을 재촉했다. 그는 처칠과 매우 친밀한 관계를 맺게 됐고, 런던에서 64킬로미터가량 떨어진 수상의 공식 별장에서 수많은 낮과 밤을 함께 보냈다.

1941년 12월 그곳에서 저녁식사를 마치고 대화를 나누던 중, BBC 라디오에서 일본이 진주만을 공격했다는 소식이 흘러나왔다. 자리에서 벌떡 일어난 처칠은 "일본에 전쟁을 선포해야 해!"라고 선언한 후 국회를 소집하러 달려 나갔다. 그럼으로써 결국 영국을 돕도록 미국을 끌어들일 수 있을 거라고 믿었기 때문이다. 위넌트는 그를 뒤쫓아가서 말했다. "라디오로 전쟁을 선포해서는 안 됩니다!" 위넌트는 자신이 루스벨트에게 전화하겠다고 말했다. 두 사람이 이어폰을 끼고 듣는 가운데 루스벨트는 그들이 그토록 오랫동안 듣고 싶어 하던 말을 했다. "지금 우리는 같은 보트를 타고 있습니다."81

함께 절박한 마음으로, 전쟁 때문에 지친 채, 신념을 시험해온 작업의 정점을 찍은 순간이었다. 위넌트와 처칠의 반응은 히틀러가 패배할 수 있다는 순수한 기쁨에서 나온 것이었다. 그들은 함께 춤을 추며 방 안을 돌아다녔다. 하지만 그들 앞에는 공격과 갈등으로 인해 정신이 번쩍 들 시간이 곧 닥쳐올 예정이었다.

그다음 해 여름, 전쟁 중의 이런 노력에 새로운 위협이 될 만한 사건이 발생했다. 영국 북동부 지방 광부들이 파업에 돌입했고, 이는 영국의 전쟁 수행 역량을 위협했다. 처칠은 야당인 노동당 리더와 이 위기를 논의했고, 한 가지 해결책에 동의했다. 위넌트를 보내자는 것이었다. 양당의 리더와 이 외국 관료가 만들어낸 신뢰와 존중은 그 정도였다.

더럼에서 했던 연설에서 위넌트는 '파업strike'이라는 단어를 결코 쓰지 않았다. 그는 논쟁에서 이기려고 노력하지 않았고, 심지어 논쟁하려고도 하지 않았다. 그는 그 모든 것을 내려놓았다. 리더에게 요구되는 사고방식과, 다른 사람에게 행사하는 파워가 아닌 '함께하는 파워'를 창조하는 방법에 관해 폴릿이 지시한 내용을 따르기라도 하듯이, 위넌트는 사회민주주의를 이루려는 싸움을 파시즘에 대항하는 전투와 동일시하는 연설을 했다. "이것은 단기적인 군사 업무가 아닙니다. … 우리는 미래의 질서에서 빈곤과 전쟁을 낳는 경제적 악을 용인하지 않겠다고 엄숙히 다짐해야 합니다." 다음 날 보수언론들은 「위넌트가 연설하자 파업이 끝나다」라는 헤드라인을 실었다. 노동당 신문에서는 그의 연설을 "더럼의 게티즈버그!!!"*라 일컬으며 환영했다.[82]

처칠과 트루먼, 또 다른 로고

위넌트의 말대로 영국은 전쟁에서 이기자 대서양 건너편에 있는 미국이 그랬듯 민주적 사회개혁을 향한 새로운 경로로 접어들었다. 유권자들은 처칠과 그의 정당을 권좌에서 물러나게 했다. 루스벨트가 사망하고, 위넌트는 집으로 돌아왔다. 처칠은 승리를 누

•   Gettysburg in Durham. "인민의, 인민에 의한, 인민을 위한 정부"라는 말로 유명한 에이브러햄 링컨의 게티즈버그 연설에 빗댄 표현.

렸어야 할 시간에 우울함과 외로움을 느끼고 있었다.

온갖 종류의 미국 대학과 기관에서 보낸 초대장들이 사무실로 쏟아졌지만, 처칠은 한물간 사람의 이야기를 듣고 싶어 하는 사람은 실제로 없다고 하면서 이를 모두 거절했다. 그러던 어느 날 처칠의 딸은 아버지의 책상 위 파일에서 특이한 봉투에 담긴 초대장을 발견했다. 미주리주의 소도시 풀턴에 있는 작은 대학인 웨스트민스터대학교에서 온 것이었다. 초대장 마지막에는 직접 손으로 쓴 메모가 첨부돼 있었다. "이 학교는 저의 출신 주에 있는 멋진 학교입니다. 당신이 오기를 기대합니다. 제가 당신을 소개하겠습니다. 해리 트루먼."[83]

처칠은 새로운 미국 대통령의 초대를 받아들였다. 트루먼은 거듭 처칠을 소개하겠다고 제안했을 뿐만 아니라, 워싱턴 D.C.에서 미주리주로 가는 기차 여행을 함께하자고 그를 초대했다. 처칠의 사기는 즉시 되살아났다. 자신이 위넌트, 루스벨트와 함께 정립한 패턴과 어조를 트루먼과, 그리고 미국 국민과 함께 계속 진전시키고 성장시킬 기회가 거기 있었던 것이다.

여행이 시작됐을 때, 트루먼은 워싱턴 D.C.에 있는 유니언역에서 처칠이 혼자 대통령 전용 기차의 바깥을 서성거리면서 기차 외부에 채색된 대통령의 직인을 살펴보는 모습을 발견했다. 대공황과 2차 세계대전이 지나가고 강력한 행정부가 세워진 지금, 직인은 외관으로는 국새처럼 보였지만 별자리는 사실상 한꺼번에 제거된 상태였다. 각 주를 대표하는 48개의 별[84]은 이제 장식용이 되어 원형 가장자리를 구성하고 있었다. 트루먼은 미국의 새로운 핵 역량을 상징하기 위해 번개 표시를 추가하는 아이디어를 장난 삼아 생각했던 적도 있다고 고백했다.[85]

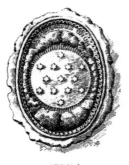

1786년

1946년

두 남자는 신사 클럽의 방처럼 꾸며진 호화로운 침대 차량에서 24시간을 함께 보냈다. 그들은 정치를 논했고, 처칠은 자신의 연설을 수정했으며, 포커를 칠 때면 직원들이 때때로 합류했다. 처칠은 사람 좋게도 계속 이기지는 않았다. 열차는 미국의 심장 깊은 곳까지 직행으로 밤낮없이 달렸다. 연료를 넣기 위해 유일하게 한 번 정차한 곳이 일리노이주 스프링필드였다. 전하는 바에 따르면 처칠은 그곳에서 경외심에 찬 채 창문 밖을 내다봤고, 특정한 누구를 향해서는 아니었지만 "링컨의 고향"이라고 소리 내서 말했다고 한다. 그의 어머니는 미국인이었고, 그는 자신의 역사를

기빙 파워

알고 있었다. 마침내 풀턴에 도착하자, 처칠과 트루먼은 컨버터블 오픈카를 타고 환호 속에 주도로를 따라 웨스트민스터대학교로 향했다.

철의 장막 대 수백만 가지 특별한 관계

웨스트민스터대학교 체육관의 현수막은 소박했지만 무대는 웅장 했다. 처칠의 연설 주제와 내용이 주의를 환기하는 일종의 경고가 될 거라는 소문이 퍼진 상태였다. 언론사들이 모여들어 그의 연설을 국제적으로 송출할 준비를 마쳤다. 처칠은 1차 세계대전 후 극단적인 이데올로기가 부상하는 등 전 세계가 수많은 실수를 되풀이한다고 느꼈다. 특히 유럽에서 공산주의 혁명을 부추기는 스탈린을 우려했다. 1946년 3월에 스탈린이 아주 최근까지 전쟁 동맹이었던 만큼, 이는 논란을 일으킬 만한 관점이었다.

동유럽 전역에 걸쳐 파워를 공고히 하려는 스탈린의 계획에 대한 생생한 비유 때문에 처칠의 그날 연설은 '철의 장막the Iron Curtain' 연설로 사람들의 기억에 남아 있다. 하지만 그가 말하려 했던 내용은 따로 있었다. 그가 그곳에 온 이유는 경종을 울리기보다는 새로운 명분 앞에 서구를 소환하기 위해서였다. 몰려드는 위협에 대항하려면 다시 한번 위대한 힘이 필요했다. 핵무기의 시

대에 인류의 미래가 거기에 달려 있었다. 그렇다면 그의 처방은
무엇이었을까?

단일체로 통합된 파워를 제압할 최선의 방법은 각자의 파워를
통합하고 중앙집중화하는 것일까? 우리의 용어로 표현하자면, 피
라미드로 피라미드와 싸우는 것일까? 그렇지 않았다. 저항과 승
리의 위대한 사자*는 지금이 다시 별자리를 최우선으로 삼아야
할 시간이라고 믿었다. '철의 장막'이 주는 위협을 이겨내기 위한
그의 처방전은 미국과 영국의, 더 중요하게는 미국인들과 영국인
들의 '특별한 관계'였다.[86] 전 세계의 다른 민주국가들에 대해 내
린 처방도 마찬가지였다.

그의 해답은 자유로운 사람들의 에너지로 함께 군대와 독재자
의 파워에 대항하자는 것이었다. 서로가 단합해서 대응할 때, 옆
에서 함께 싸웠고, 대서양을 사이에 두고서 떨어져 있지만 같은
것을 위해 기도했으며, 마그나카르타Magna Carta부터 미국 독립선
언과 유럽 전승기념일까지 이어지는 자유의 확실한 유산을 이해
하고, 공동의 운명에 주인의식을 가진, 각자 시민으로서의 역할과
책임을 이해하는 개인들 간의 특별한 관계를 바탕에 둬야 한다고

---

* 사자는 영국을 상징하는 동물이며 처칠의 별명이기도 하다. 처칠의 초상을 촬영한
  사진가 유서프 카시는 처칠의 용맹하고 굳건한 모습이 담긴 그 사진에 〈포효하는
  사자The Roaring Lion〉라고 이름을 붙였다.

보았다.

만약 오래된 것과 새로운 것, 공식적인 것과 비공식적인 것 등 이러한 수백만 개의 연결 관계를 맺고 보존하는 어려운 일을 해낸다면, 그 관계들은 처칠이 '평화의 원동력The Sinews of Peace'이라 표현한 오래 지속될 유대를 모두 함께 형성할 것이다. 그날 풀턴에 모인 청중에게 그가 강조했던 '평화의 원동력'은 연설의 제목이자 목적이었다.

이 연설은 무기를 준비하자는 호소가 아니었다. 별자리를 형성하자는 호소였다. 그는 두 번의 세계대전 후 미국인들이 다시 고립된 상태로 빠져 있기를 원할까 봐, 아니면 그만큼이나 바람직하지 않은 일이지만 서구 세계가 미국의 군사적 힘에 의존하는 상황에서 영구적으로 전쟁 준비 태세를 유지할까 봐 두려워했다. 승리는 결말이 아니었다. 승리는 새롭고 다른 종류의 작업을 시작하는 서막이었다. "서로의 … 힘"을 키우기 위해 "상호 지원과 협업 외에 우리는 아무것도 목표로 삼지 않는다."[87] 처칠이 위넌트를 환영하는 오찬에서 승리와 함께 "준엄하지만 찬란한 의무"가 닥쳐올 거라고 말했을 때 이 사실을 암시했었음을 기억하라. 이제는 피라미드 사고방식을 내려놓아야 할 때였다. 그러기 위해선 "서로의 목적에 대한 신념, 서로의 미래에 대한 희망, 서로의 결점에 대한 관용"이 필요할 터였다.

특별한 관계와 일상적인 거래

그날 이후 '특별한 관계'는 미국과 영국 사이의 동맹을 칭하는 이름으로 사용되어왔다. 또한 이 용어는 수년간 커다란 자부심의 근원이자, 수많은 냉소의 근원이었다. 거의 10년마다 전문가들은 '특별한 관계'가 죽었다고 선언하지만, 그런 선언은 이 '특별한 관계'가 서구의 별자리에서 가장 핵심적인 관계임을 재천명하게 할 뿐이다. 2차 세계대전부터 이 '특별한 관계'는 글로벌 안보의 핵심으로 자리매김해왔다.

2013년부터 2017년까지 주영 미국 대사로 근무하며 나는 그 관계를 아주 가까이서 보게 될 예정이었다. 하지만 직무를 시작하려고 가족과 함께 런던으로 이사하기 며칠 전에 한 영국 친구가 이메일을 보내왔다. 그는 이렇게 썼다. "(쓸모는 없겠지만) 충고 한마디: 소위 '특별한 관계'에 대해 쉴 새 없이 떠드는 그런 사람들 중하나가 되지 말길. 그건 진부한 이야기고 어쨌든 더이상 진실도 아니니까."

2주 후인 2013년 8월 29일, 영국 의회는 시리아와 잠재적 분쟁 상황에 있던 미국을 돕는 무력 사용을 승인할지 말지 표결에 붙였다. 안건은 통과되지 않았다. 다음 날 아침 영국에서 가장 판매 부수가 많은 신문의 1면에는 다음과 같은 내용이 실렸다.

THE SPECIAL RELATIONSHIP: Died at home after a sudden illness on Thursday, August 29, 2013, aged 67. Beloved offspring of Winston Churchill and Franklin D. Roosevelt. Dearly loved by Margaret Thatcher, Ronald Reagan, John Major, George Bush Snr, Bill Clinton, Tony Blair and George W Bush. Funeral to be held at The French Embassy, 58 Knightsbridge, London SW1X 7JT No flowers please.

부고: 특별한 관계

2013년 8월 29일 목요일, 갑작스러운 질병으로 67세의 나이에 자택에서 사망하다. 윈스턴 처칠과 프랭클린 D. 루스벨트의 총애를 받은 자손. 마거릿 대처, 로널드 레이건, 존 메이저, 조지 부시 시니어, 빌 클린턴, 토니 블레어, 조지 W. 부시도 대단히 사랑했음. 장례식은 프랑스 대사관에서 열릴 예정. … 조화는 사절합니다.

영국 친구는 다시 메일을 보내왔다. "잘했어, 매슈. 그 특별한 관계 말이야. 구축하는 데 70년이 걸렸는데 넌 그걸 7일도 안 돼서 죽여버렸네."

나는 언론과의 뒤이은 인터뷰에서 최근의 '특별한 관계' 사망 발표는 그 이전에 있었던 모든 사망 발표만큼 시기상조임을 설명하느라 진땀을 뺐다. 우리 직원들은 여러 연설에 '특별한 관계'라는 문구를 집어넣었고, 절반은 고개를 끄덕였으나 나머지 반은 의구심에 차서 눈동자를 굴렸다. 어떤 말이 상투적이 됐다는 사실을 보여주는 확실한 신호는 사람들이 그 말에 생각할 필요도 없이 즉시 동의하거나 동의하지 않는 것이다. 사용하기로 결정한 이상, 나는 그 문구가 의미를 가지기를 바랐다. 그리고 그 의미가 무엇인지 함께 이해할 수 있게 만들고 싶었다.

말하자면 그때는 이해하기 쉽도록 그 문구를 분석할unpack 때였다. 관계에서 신선함이 떨어지거나 에너지가 증발하고 있을 때 커플이 상담사에게 감정을 풀어놓듯이unpack 말이다. 나는 '나 전달법으로 대화하기'나 '중간에 끼어들지 않고 듣기' 대신, 경영 컨설팅이라고도 불리는 비즈니스 상담에서 방법을 빌려오기로 했다.

나는 가로 2칸, 세로 2칸의 격자로 된 표를 그렸다.

x축의 한쪽 끝에는 '독특하다'는 의미가 있지만 '즐겁다'는 뜻은 아닌 '특별한'이라는 단어를 배치하고, 다른 쪽 끝에는 그 반대말인 '일상적인'을 배치했다. y축은 아래쪽에 사물의 '거래'에서 출발하여, 그와 반대인 사람 사이의 '관계'로 나아간다. 각 사분면은 다음과 같이 보인다.

'일상적인 관계'를 먼저 살펴보고 그다음으로 '특별한 거래'를 살펴보기로 하자. 왼쪽 상단과 오른쪽 하단의 사분면이다. 이들은 유익하며, 함께 합쳐질 때 특정한 패턴과 어조를 형성한다.

'일상적인 관계'에서 우리는 관계를 맺지만 서로를 기능적으로

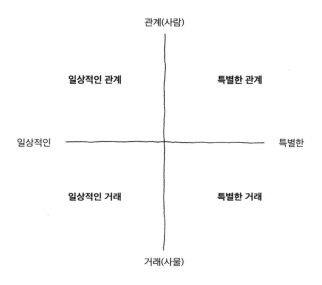

관계(사람)

일상적인 관계   특별한 관계

일상적인 ——————————————— 특별한

일상적인 거래   특별한 거래

거래(사물)

본다. 서로에게 우리는 수행하는 업무가 된다. 그리고 최악의 경우 서로를 기계의 일부나 그저 목적 달성을 위한 수단으로 대한다. 비행기에서 내릴 때 승무원은 이렇게 말한다. "저희 비행기에 탑승해주셔서 감사합니다. 저희 비행기에 탑승해주셔서 감사합니다. 저희 비행기에 탑승해주셔서 감사⋯." 승무원은 당신 앞에 있는 세 사람과 뒤에 있는 세 사람에게 정확하게 똑같은 문구를 말한다. 사우스웨스트 항공사가 잘 알려진 이러한 대본으로부터 유머를 활용해 벗어나자 그토록 큰 성공을 누렸다는 사실은 전혀 이상하지 않다. 일상적인 관계 사분면에서 우리는 자신이 특별하지 않다고 느끼기 때문이다.

'특별한 거래'에서 우리는 진정으로 내가 어떤 사람인지 고려하지 않는 어떤 기준에 순응할 것을 강요받는다고 느낀다. 우리를 가장 미치게 하는 특별한 거래는, 병원에 갔는데 지난 방문에서 십여 차례 작성했음이 분명한, 똑같은 여덟 쪽짜리 문진표를 기입하라면서 무시무시한 클립보드를 건네받을 때 발생한다. 이 사분면에서 우리는 고유한 존재로 인정받지만 그 방식은 가장 최악으로 관료주의적이다. "내가 이 시스템에 이미 들어와 있지 않은가?"

우리는 살아가면서 사무실에서 겪는 최악의 시간 중에 너무나 많은 부분을 이 두 사분면에서 보낸다. 매일, 매주, 매월, 매년을 이렇게 왔다 갔다 하면서 의존의 불행한 루프라는 악순환을 만들

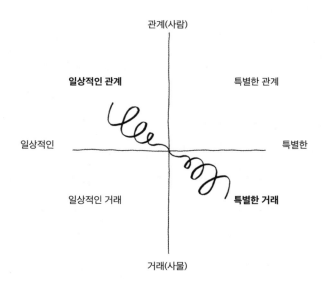

기빙 파워

어낸다. 우리는 시스템과 그 안에 자리잡은 관습에 의존하는 존재다. 실질적인 파워나 대리인이 없는 만큼, 시스템 안에서 일하려면 거기에 맞춰야 하며 그러지 않으면 버려질 거라고 느낀다. 〈오피스〉, 〈뛰는 백수 나는 건달〉, 〈팍스 앤 레크리에이션〉* 같은 위대한 사무실 풍자물이 여기서 최고의 소재를 얻는다는 사실은 전혀 놀랍지 않다. 여기서 가장 날카로운 조롱은 마이클 스콧, 데이비드 브렌트, 빌 럼버그, 레슬리 높스**와 같은, 소위 리더라는 사람들에게 쏟아진다,

일상적인 관계와 특별한 거래에는 각각 '좌절시키는 마찰'이 존재한다. 따라서 그저 마찰은 모조리 피하고 가능한 한 모든 것을 자동화하는 편이 최선이라고 할 수도 있다. 우리는 보통 그러려고 한다.

---

* 〈오피스〉: 사무용품 회사의 깐깐한 지점장과 부하 직원들의 일상을 그린 영국 시트콤. 미국에서 리메이크했다.
〈뛰는 백수 나는 건달〉: 선진 경영 기법의 기치 아래 힘든 하루를 버티는 화이트칼라 노동자의 생존 코미디를 다룬 영화.
〈팍스 앤 레크리에이션〉: 인디애나주 가상 도시인 포니 시청의 '공원과 여가' 부서에서 일어나는 일을 다룬 미국 NBC 시트콤.
** 각각 〈오피스〉(미국판)에 나오는 지점장, 〈오피스〉(영국판)에 나오는 영업팀 중간 관리자, 〈뛰는 백수 나는 건달〉에 나오는 강압적 경영자, 〈팍스 앤 레크리에이션〉의 공원과 여가 부서 부책임자.

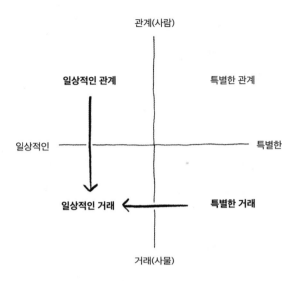

관계(사람)

일상적인 관계   특별한 관계

일상적인 ——————————————— 특별한

일상적인 거래 ←   특별한 거래

거래(사물)

    우리는 이 어색한 일상적인 관계와 특별한 거래를 격자의 아래
쪽이나 왼쪽으로 밀어넣어서 일상적인 거래로 바꾸고 싶어 한다.
병원에서 작성하는 양식처럼 좌절감을 주는 마찰을 제거하고 모
든 것을 자동화하려 한다.

    이 사실은 삶의 너무나 많은 부분에서 발견된다. 자동화는 일종
의 독립을 제공한다. 다시 피라미드로 돌아온 셈이다. 우리는 이
들 어색한 사분면에 있는 사람을 대하는 일에서 '벗어나는' 자유
를 얻는다. 만족스럽다. 하지만 그 만족은 단지 어느 지점에 도달
할 때까지만이며 일시적일 뿐이다. 거기에는 문제가 있으며 비용
도 따른다. 문제는 '벗어나는 자유'를 얻으면 (메리 파커 폴릿이 예
시했듯이) 파워가 이전될 잠재력이 묻힌다는 사실이다. 거기에는

관계가 존재하지 않는다.

작은 사례를 들어보자. 소셜미디어 플랫폼은 당신의 네트워크에 속한 사람이 생일을 맞았을 때 손쉽게 당신에게 행동을 재촉할 수 있다. 클릭 한 번만으로 자동 생성된 생일 축하 메시지를 보낼 수 있다. 우리는 그런 메시지를 받는 느낌이 어떤지 안다. 기분 좋지만 기억에 남을 정도는 아니다. 그 대신 생일보다 이틀 늦게 친구가 이렇게 연락한다고 상상해보자. "네 생일을 깜빡해서 정말 미안해. 지루하게 변명을 늘어놓고 싶지만, 중요한 건 내가 이 특별한 날에 너를 생각하고 있다는 거야. 그저 이걸 말해주고 싶었어." 얼마나 더 기분 좋은가?

우리는 마찰에서 벗어나 더 자유로운 삶을 만들어가기 위해 놀라운 기술들, 심지어 소셜미디어 같은 커넥티비티 기술까지 활용하고 있다. 그 목적을 달성하도록 도와줄 기술을 개발하고자 뇌의 능력을 엄청나게 활용하고 투자하지만, 2×2 격자는 그런 시도가 실제로는 처칠이 세상을 구하는 처방이라고 믿었던 방향과는 정반대임을 보여준다. 처칠은 특별한 관계를 추구해야 한다고 말했다. 따라서 우리는 위쪽으로 올라가야 하고 오른쪽으로 나아가야 한다.

자신이 어색한 사분면에 있다는 사실을 발견했을 때, 우리는 자동화와 모방이 아닌 인간다움과 공감으로 거기서 벗어나려고 노력해야 한다. 그렇다고 특별한 관계 사분면이 마찰에서 자유로운 것은 아니

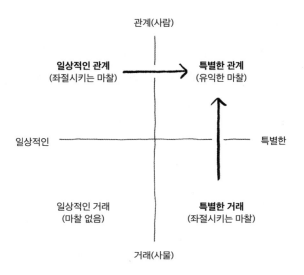

다. 마찰이 있지만, 그것은 '유익한 마찰'이다.

일상적인 관계와 특별한 거래를 '특별한 관계'로 바꾸는 것이 별자리로 파워를 창조하는 작업의 핵심이다. 인간다움을 위한 공간을 창조하고, 자신에게 타인이 필요해지고, 자신도 타인에게 필요한 존재가 되고, 변화하리라 기대하는 일이다. 이 작업은 불가피하게 고려해야 할 새로운 이슈들을 제기한다. 어떻게 더 다양한 관점을 모색하고, 여러 방식으로 개인적인 문제들을 더 자주 논의할 공간을 마련할 수 있는가? 하지만 이런 새로운 마찰을 피하지 않고 환영한다면 에너지는 고갈되지 않고 창출된다. 이것이 폴릿이 위원회 회의에서 했던 일이고, 위넌트가 파업하던 노동자들과 관계를 맺을 때 했던 일이다.

다소 내키지 않을지도 모르지만, 이것은 그저 처칠이 75년 전에 건넨 조언은 아니다. 21세기 들어 가장 성공한 기업이 실시한 가장 광범위한 사내 연구 중 하나의 결론도 같았다. 2012년에 구글은 스티븐 코비에게 호응하면서 효율적인 팀을 만드는 요인을 파악하기 위해 2년에 걸친 연구를 시작했다. 그 결과 특징적인 요인이 상호의존이라는 사실을 발견했다.

대체로 팀이 더 많이 상호의존할수록, 그저 업무를 수행하기 위해 모인 그룹을 넘어 높은 수준의 효과성을 발휘하는 '진정한' 팀이 되었다. 하지만 그것은 시작에 불과했다.

연구자들은 180개 팀의 데이터를 수집했고, 다양한 기술과 그룹 역동성부터 개인적 특성까지 모든 것을 250개가 넘는 속성으로 분석했다. 효과적이고 상호의존적인 팀이 되기 위한 가장 중요한 요인은 무엇이었을까? 팀에서 성과가 뛰어난 개인들의 비율이었을까? 카리스마 있는 팀 리더였을까? 공감대를 중시하는 리더였을까? 팀 내 다양성, 혹은 동질성일까? 이 중 어떤 것도 답이 아니었다. 마침내 데이터를 분석하여 얻은 결론에 따르면, 가장 중요하게 작용한 것은 연구자들이 '심리적 안전감psychological safety'[88]이라고 명명한 요인이었다. 효과적이고 상호의존적인 팀은 실수가 생겼을 때 사람을 거론하면서 비난하지 않고, 껄끄러운 문제를 던지거나 의견에 반대하거나 도움을 요청해도 괜찮고, (처칠의 말을 인용하자면) "서로의 결점에 대한 관용"을 보일 만큼 내부에서 충분히 강력한 관계가 형성되어 있었다. 달리 말하자면 최고의 팀은 구성원들이 특별한 관계를 형성할 수 있는 팀이었다.

블룸 루프

구글이 이 연구에서 발견한 것은 처칠이 평생에 걸친 경험으로 알아낸 사실과 같았다. 즉 특별한 관계 사분면에 시간과 에너지를 투자하면 무언가 마법 같은 일이 일어난다는 것이다. 유익한 마찰에서 발생한 관계와 파워는 일상적인 거래까지 전달되고, 에너지는 유익한 마찰이 다시 필요할 때까지 일상적인 거래 속에 보존된다. 유익한 마찰은 마찰이 없는 듯한 느낌으로 이어지고, 내가 '블룸 루프bloom loop'라 이름 붙인 순환으로 다시 반복된다.

가정 내의 삶에서 예를 하나 들어보자.[89] 어린이가 있는 가정의 어느 등교일 아침식사 시간이다. 주방으로 온 사람들은 각자 커피와 토스트를 만들거나 점심 도시락을 준비하는 등 자신의 역할과 루틴을 알고 있으며, 외부 관찰자에게 이는 수많은 일상적인 거래처럼 보인다. 가족 구성원들은 식사를 마치고 문을 나설 때까지 서로 오가는 통로를 누비고 다니지만 대화는 거의 하지 않는다. 하지만 아침식사 때의 이런 발레 공연은 오해와 눈물, 논쟁, 웃음, 어색한 침묵, 재치 있는 농담, 끼어들기, 고백 등 모든 유형의 유

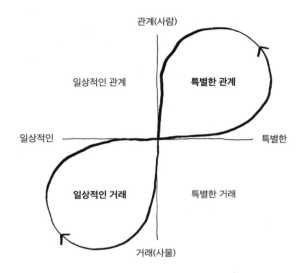

관계(사람)

일상적인 관계   **특별한 관계**

일상적인 ——————————— 특별한

일상적인 거래   특별한 거래

거래(사물)

익한 마찰이 일어나는 저녁 식탁에서의 드라마를 통해 확보된 것이다.

영국에서 나는 매일 블룸 루프를 보았다. 미국과 영국의 대사, 군인, 정부 직원들은 마치 실제로 같은 국가 출신인 것처럼 서로 상호작용한다. 영국 언론은 일종의 불화가 발생한 다음에는 항상 잽싸게 '특별한 관계'의 사망을 선포하지만, 그들은 이를 정확하게 잘못 이해하고 있다. 우리에게는 애정 어린 반대로 유익한 마찰을 만들어내는 능력이 있으며, 블룸 루프가 계속해서 삶을 이어가도록 해주는 것이다.

따라서 나는 내 업무 중 큰 부분이, 말하자면 유익한 마찰을 불러일으키는 저녁식사 자리를 만들어내는 거라고 생각했다. 그 목적을 달성하기 위해 나는 인터넷 프라이버시와 감시, 독점 등에 특별한 관심과 좌절감을 표현한 영국과 미국의 젊은 행동주의자와 언론인, 외교관을 한 그룹에 모았다. 그리고 매우 많은 리더가 런던을 통해 영국으로 들어오던 당시, 나는 인터넷을 공동으로 발명한 빈트 서프Vint Cerf와의 대화 자리를 마련할 수 있었다.

70대인 서프는 즉시 모든 사람이 편안함을 느끼도록 만들었고, 연설은 하지 않았으며, 그들의 좌절감을 피하지 않고 정면으로 다뤘다. 토론이 중반을 넘어갈 때, 그는 젊은 리더들이 계속해서 인터넷을 하나의 단일체로 보고 이야기한다는 사실을 깨달았다. 하지만 그는 인터넷은 하나의 사물이 아니라고 설명했다. 인터넷은 수백만 개의 사물로 이뤄졌다는 것이다. 그는 하던 이야기를 중단하고, 심지어 인터넷이 원래 '사물'로 이루어지지도 않았다고 설명했다. 초창기에 '인터넷internet'은 (단수이건 복수이건) 명사가 아니었다. 동사였다. 컴퓨터 서버들은 '호스트host'라고 불렸다. 이는 인터넷이 얼마나 인간과 관계 중심으로 의도되었는지를 알려주는 단서다.

공동 발명가 빈트 서프와 밥 칸Bob Kahn의 창조물에서 기발한 부분은 컴퓨터 두 대가 서로 통신한다는 점이 아니었다. 그런 기능은 전에도 상당한 기간 존재해왔기 때문이다. 하지만 통신은 매우 번거로운 일이었다. 컴퓨터 두 대를 연결하면 그 컴퓨터들은 잠겨버리고, 서로 연결된 동안 다른 작업은 할 수 없었다. 그것은 의존 모드였다. 서프와 칸의 통찰은, 말하자면 통신의 원동력을 끌어내기 위해 다양한 네트워크가 연결될 수 있는 잠재력을 모두 풀어내자는 것이었다. 그러기 위해서는 컴퓨터 네트워크 소유자들이 함께 도약해야 했다.[90]

그들은 다른 대학과 연구 기관의 동료들 한 사람 한 사람과 대화를 나누며, 새로운 방식으로 네트워크를 연결하는 아이디어를 제안했다. 신념의 도약을 이루고 네트워크를 개방하자고 요청하는 대담한 제안이었다. "사람들에게 전화를 걸어서 '저와 인터넷 작업internetwork하실래요?'라고 묻곤 했습니다." 인터넷은 동사였던 것이다. "마치 누군가에게 같이 춤추자고 요청하는 것과 같았어요."

시작 단계에서 서프와 칸이 맺은 특별한 관계는 그들이 개발한 컴퓨터 프로토콜(통신규약) 위에 인간 프로토콜을 만들었다. 그러자 ('춤추기'를 요청했던) 초창기의 마찰 덕분에 이후에는 마찰 없이 자유롭게 교류할 수 있었고, 월드와이드웹이 출범했을 때 폭발적으로 늘어난 도메인명을 어떻게 다룰지와 같은 새로운 마찰이 발생했을 때, 자발적으로 형성된 그룹이 차례차례 작동하게 되었다. 블룸 루프의 마법이 작용한 것이다.

서프는 인터넷이 어떻게 발전할지 전혀 몰랐다. 그는 모임에 참석한 다음 세대들에게 어떤 이들은 (미니텔Minitel이라는 중앙집중 시스템을 보유했던 프랑스처럼) 춤추자는 요청을 거절했음을 상기시키면서 모임을 마무리했다. 그의 인터넷 프로토콜은 당시 컴퓨터과학 분야의 용어로 말하자면 '비신뢰적unreliable'이라 여겨졌다. 통신을 잠가서 컴퓨터끼리 전용으로 연결되도록 보장하지 않았기 때문이다. 그 핵심에는 불확실성이 있었다. 하지만 이런 일련의 '비신뢰적' 연결이 성장해, 이제까지 알려진 세상에서 가장 안정된 네트워크를 형성한 것이다.

'평화의 원동력'이건, '비신뢰적 네트워크'이건, 호크의 위원회이건, 위키피디아의 자원봉사 편집자들이건, 폴릿의 커뮤니티 센터이건, 콜린스가 '단계 5의 리더'라고 부르는 리더이건 상관없이, 이런 특별한 관계를 만들어내는 인물들이 계속해서 해결사 역할을 맡도록 하는 무언가가 존재한다. 그들은 이기적인 이유로 그런 일을 하지 않았다. 그렇다고 이타적인 이유도 아니었다. 서로 승-승하려고 그런 것도 아니었다. 다른 무언가가 일어나고 있었다.

함께하는 자유

자선 분야에서 세계 최고의 별자리 리더는 린 트위스트다. 그는 자원이 풍부한 이 세계에 만연한 기아 문제를 해결하기 위해 테레사 수녀와 함께, 그리고 사하라 사막 이남의 아프리카, 방글라데시, 스리랑카 지역사회들과 함께 일했다. 그가 쓴 『돈 걱정 없이 행복하게 꿈을 이루는 법』이라는 책은 내가 내 안의 피라미드 사고방식을 부수려고 노력할 때 핵심적인 역할을 했다(이는 다음 장에서 더 많이 다룰 것이다). 내가 린을 만난 것은 그가 기아 퇴치 운동가에서 커리어를 전환해 아마존 밀림에서 새로운 소명을 찾은 지 오래되지 않은 때였다.

그에게 왜 그런 변화를 택했는지 질문했다. 전 세계에서 기아로 씨름하는 곳보다 아마존에 더 많은 도움이 필요하다고 느낀 것인지, 혹은 번아웃 상태에 도달했기 때문이었는지 궁금했다. 그는 그 대답으로 다음과 같은 이야기를 들려줬다. 몇 년 전 그는 아마존의 아추아르족 이야기를 듣게 됐다. 세계 문명과 기업들의 침략을 피하려고 최선을 다해 노력해온 그들에게 산림 파괴가 닥쳐온 것이다. 린 트위스트는 하던 모든 일을 내려놓고 그들을 도우라는 소명을 받았다고 느꼈다. 부족장에게 도움을 주겠다는 제안을 설명하려고 그는 4일간의 오지 여행을 시작했다. 탈진 상태로 도착했을 때 부족장은 그에게 모닥불 옆에서 차를 마시자고 했다.

그는 통역사를 통해 자신이 온 이유를 설명했다. 신중하게 이야기를 들은 부족장은 이렇게 말했다. "이해했습니다." 그는 잠시 고민하고서 답변했다. "돕기 위해 왔다면, 떠나주십시오."[91]

'오, 안 돼!'라고 생각했다. 일이 틀어진 것이다. 하지만 그때 그가 말을 이었다. "하지만 당신의 자유가 우리의 자유에 긴밀하게 연관돼 있다고 느낀다면, 머무르십시오. 함께 일해봅시다."

돕기 위해 왔다면, 떠나주기 바랍니다. 당신의 자유가 우리의 자유와 긴밀하게 연관되므로 이곳에 왔다면, 부디 머무르십시오. 이것이야말로 상호의존 선언이라고 할 수 있다. '도움'과 '연관'의 차이, 그 차이를 표현하는 방식은 즉각 트위스트의 마음을 움직였다. 오직 함께하는 자유만이 치유할 힘을 가져온다. 그리고 그 힘은 언제나 양쪽 모두를 치유한다.

놀라운 일도 아니지만 폴릿 역시 자신의 시대를 살면서 같은 교훈을 얻었다. 그는 이를 '호혜적 자유reciprocal freedom'라고 불렀다. 함께하는 자유는 두 사람 사이에서만이 아니라 처칠과 위넌트 사이, 위넌트와 광부들 사이, 처칠과 트루먼 사이, 처칠이 평화로 연대하기 위해 대서양을 건너와 특별한 관계를 맺기 원했던 수백만 명의 사람들과 처칠 사이에서처럼, 어떤 규모의 그룹 간에도 누릴 수 있으며 또 그래야 한다. 폴릿이 썼듯이 "사람들 사이의 모든 연대가 가진 높은 잠재력은 인간 정신의 에너지를 자유롭게" 한다.[92]

습관을 버리는 데 필요한 습관

'익명의 알코올중독자들Alcoholics Anonymous(이하 AA)'은 1935년 어느 주식중개인이 스스로를 치유하는 과정에서 한 의사의 치유를 도우며 설립했다.[93] 현재 이 단체는 180개국에 설립됐으며, 13만 개의 지부가 매일 수백만 명을 돕고 있다. 빌 W.(이것이 AA 의 명명법이며 그를 기억하는 방식이다)는 모든 술에 일거에 일절 입을 대지 않거나 스스로 병원에 입원하는 등 당시에 존재하던 모든 표준적인 방식으로 금주를 하려고 노력하던 중이었다.

오하이오주 애크런시로 출장을 가다가 그는 술을 마시고 싶은 충동을 느꼈다. 절박해진 그는 공중전화 부스로 가서 한 신부의 번호를 찾아내 무작정 전화를 걸었다. 그가 신부에게 말한 내용의 요지는 이랬다. "저는 알코올중독자입니다. 제가 술에서 제 자신을 구원할 유일한 방법은 저 같은 사람과 대화하여 그들을 구하려고 노력하는 것뿐입니다. 혹시 알코올중독자를 알고 계신가요?" 신부는 직접 알지는 못하지만 그런 사람을 아는 사람을 알고 있었다. 위기에 빠진 알코올중독자인 의사 친구 밥 스미스를 도우려 했지만 계속 실패한 헨리에타라는 여성이었다. 헨리에타는 두 사람을 연결해줬고, 빌 W.와 밥은 밥의 진료실에서 만났다.

빌 W.는 밥에게 자신의 고통을 털어놓았다. 밥은 그때 처음으로, 고통을 겪는 동료의 이야기이면서 자신에게도 너무나 익숙한 이야기를 듣게 됐다. 그들은 서로를 돕기로 합의했다. 이들은 빌 W.가 다른 기관에서 차용한 6단계 회복 과정에 돌입하기로 했다. 훗날 그들은 이 과정을 지금은 잘 알려진 12단계로 확장했다.

이것은 함께 자유를 찾는 패턴과 어조에 관한 이야기다. 같은 패턴과 어조로 메리 폴릿의 아버지도 구원을 받았다. 대부분의 미국인은 분명히 그 12단계가 무엇인지 들어본 적이 있을 것이다. 하지만 그보다 덜 알려졌으면서도 AA의 성공에 똑같이 기여한 것은, 빌 W.와 그의 팀이 개발한 '12가지 전통'이었다. 여기에는 그룹을 운영하는 방식과 서로 다른 그룹이 함께 일하는 방식이 담겨 있다. 이 전통의 목표는 완벽한 의존으로도 완벽한 독립으로도 기울어지지 않으면서 함께하는 자유를 보전하는 것이다. 이들 원칙 중 하나는 AA가 비전문적 기관으로 남아야 한다는 것이다. AA가 결코 지나치게 '조직화'돼서는 안 된다고 규정한 또 다른 원칙도 있다. 아울러 이들 전통에서는 개성을 표출하는 분위기를 지양한다. 이 마지막 규칙은 참가자들에게 AA가 원칙을 세우기 위해 노력하는 곳이지 개성을 내세우기 위한 곳이 아니라는 사실을 상기시킨다. 구성원들은 '익명'을 진지하게 받아들이며, 창피하기 때문이 아니라 스스로 지나치게 나서는 것을 경계한다는 의미에서 자신의 성을 숨긴다.

1939년에 출간된 『익명의 알코올중독자들: 알코올중독에서 벗어난 100명 넘는 사람들의 이야기』는 '빅 북'*이라는 이름으로 널

• Big Book. AA는 인쇄업자에게 종이 중 가장 두꺼운 것을 쓰라고 요구했다. 빌 W.는 두꺼운 종이를 쓴 이유가 이 두껍고 큰 책을 구입한 알코올중독자에게 자신이 낸 돈만큼 이 책이 가치 있음을 설득하기 위해서였다고 설명한다.

리 알려지게 됐다. 출판하기 직전, 공저자들은 동료 중독자 중 몇 명이 다시 술을 마시기 시작했다는 데 충격을 받았고, 엄밀히 따지자면 책의 부제가 진실이 아닐 수도 있으며 의심 많은 사람들이 이를 물고 늘어지지 않을까 두려워했다. 기존 단체들이 AA의 책을 진지하게 받아들이지 않을 거라는 걱정에서는 그들이 옳았다. 미국의사협회American Medical Association의 리뷰는 이랬다. "이 책에서 유효한 한 가지는 알코올중독의 심각성에 대한 인식이다. 그 부분을 제외하면 이 책은 과학적 장점도 없고 흥미롭지도 않다."[94] 피라미드 사고방식은 대개 측정할 수 없는 것들을 놓치며 각 개인을 고립된 상태로 분석하려 한다. 그러므로 피라미드 사고방식은 사람들과 관계를 맺도록 우리를 이끌어주기에는 많이 부족하다. 마법은 사람과 사람 사이에서 일어난다. 우리는 이 책이 67개 언어로 번역됐다는 사실에 주목해야 하며, 3000만 부를 찍어낸 2010년에 AA는 기념비적인 특별 인쇄본을 미국의사협회에 보냈다.[95]

공저자들은 리뷰를 통제할 수 없었다. 하지만 계속해서 모든 사람을 고려하고, 새 구성원들이 각자 관계 맺기 패턴을 반복하는 모습을 지켜볼 수는 있었다.

이란 정부가 미국에서 나온 책이나 아이디어를 그다지 존중하지 않는다는 사실은 비밀이 아니다.[96] 이란의 리더들은 단테부터 댄 브라운까지 서구적인 아이디어를 담은 모든 책의 출판을 금지했다. 하지만 AA의 책은 금지하지 않았다. 오히려 그 책을 인쇄해 전국의 이슬람 사원에 배포했다. 왜 그랬을까? 함께하는 자유가 효과적일 뿐만 아니라 그 자체의 파워를 확산하는 파워도 가지고 있었기 때문이다.

5장
자라도록 내버려두기

작고 반복적인 진화가
엄청난 영향력을 만들어낸다.

아래 두 사진을 들여다보자. 왼쪽 사진은 2007년 여름에 찍힌 버락 오바마의 모습이다. 오른쪽은 그가 2009년 겨울에 대통령 선서를 하고 있는 사진이다.

어떻게 8명의 후보가 참가하는 경선에서 27점이나 뒤진 채 아이오와주 옥수수밭에 서 있던 '버락 후세인 오바마'라는 이름을 가진 사람이, 불과 18개월 후에 워싱턴에서 200만 명 앞에 서서 대통령 선서를 하게 된 것일까?

아이오와주의 옥수수밭, 2007년 여름[97]　　　워싱턴, 대통령 취임일, 2009년 겨울[98]

날카로운 관찰자나 관련자들은 이 주제로 책을 여러 권 썼다. 그중 일부는 두 사진 속의 리더인, 발언권과 자신감이 커져가던 재능 있는 연설가에게 우리의 관심을 집중시켰다. 또 어떤 책에서는 관중에게 초점을 맞추었다. 첫 번째 사진 속 관중은 연령대가 높은 백인 유권자들로 이뤄진 작은 그룹이고, 두 번째 사진의 그룹은 거대하고 다양한 청중이다. 하지만 가장 중요한 요인이었던, 대선 중간에 발생한 경제 붕괴 상황은 어느 사진에도 나타나 있지 않다는 사실을 지적하는 이들도 있다.

물론 후보, 시민, 그 시기의 정치·사회 환경이라는 세 가지 요인 모두 한몫을 했다. 하지만 나는 그 요인들 중 어느 하나만 따로 떼어내서 그런 결과를 가져온 원인으로 지목할 수는 없다고 본다. 그렇다고 세 가지가 모두 순수하게 합쳐진 것도 아니다. 그렇다, 오바마의 당선 원인은 그보다 더 중요하고 근본적인 무엇이었다.

이 장에서 살펴보겠지만, 별자리 사고방식이 매우 특정한 패턴과 어조를 촉진해 선거 승리를 가져온 것이다. 그 사고방식은 아이오와주 옥수수밭에 모여 있던 그룹과 오바마 사이에, 그리고 워싱턴에 모인 여러 그룹과 오바마 사이에 존재했다. 이 장에서 당신은 별자리를 형성하고 그 사고방식을 실천하여 특정 패턴이 성장하도록 리더, 팔로어, 외부 요인이 어떤 역할을 했는지 이해할 수 있을 것이다.

방금 내가 '패턴이 성장한다'고 했지 우리가 어떠한 방법으로 '패턴을 성장시킨다'고는 말하지 않았다는 데 주목하라.

우리 대부분은 '성장하다grow'를 타동사로 사용한다. 우리는 사업을 성장시키고, 꽃을 성장시키고, 경제를 성장시킨다고 말한다.

문법학자들은 수년 동안 이런 용법을 허용했지만, 원래 '성장하다'는 자동사이며 목적어를 가지지 않는다. 우리가 옥수수 씨앗을 심고, 재배하고, 비료를 줄 수는 있지만 사실 옥수수는 스스로 성장한다. 별자리가 어떻게 성장하고 어떤 패턴을 따르는지 살펴보며, 우리가 통제할 수 있는 것과 없는 것을 다 함께 인식해야 한다고 촉구하고 싶다.

모든 사람에게 요청하라

2004년 민주당의 대통령 후보는 존 케리였다. 그는 내 먼 친척이다. 얼마나 머냐고? 한번은 내가 영국인 친구를 위해 간략한 가계도를 끄적여준 적이 있다. 그는 가계도를 쳐다보더니 말했다. "아, 그래. 영국에 이런 관계를 일컫는 이름이 있지. 남이라고." 말이 된다. 하지만 그 관계는 케리가 1년 차 미국 상원의원이던 1989년에 대학교 1학년생이던 내가 그의 사무실에 인턴십 자리를 구할 때 도움이 됐다. 나는 베를린장벽이 무너지거나 월드와이드웹이 솟아오르는 일에 대해선 별로 생각이 없었다. 내 주된 기억은 펜을 잡고 그의 서명을 완벽하게 모방할 줄 아는 기기 작동법을 훈련받았다는 것이다.

14년 후인 2003년에 그는 대선 출마를 선언했다. 나는 혹시 도움이 될 만한 일이 있을지 묻기 위해 전화를 걸었다. 불행히도 혹시 듣게 될까 봐 가장 두려워하던 대답을 들었다. 자금 모금을 도와달라는 것이었다. 사람들에게 돈을 달라고 요청하는 일만큼은 끔찍하게 못할 것 같아 두려웠다. 실제로 그랬다. 뉴잉글랜드에서 자란 나는 돈과 정치, 종교에 관해서는 절대 이야기하면 안 된다는 교육을 받았다. 하지만 제2의 고향인 켄터키주에서 자금을 모금하려면 그 세 가지가 모두 필요했다.

마음이 불편했음에도 나는 1만 달러를 모아보겠다고 약속했다. 나는 전형적으로 이렇게 설득했다. "번거롭게 해드려 죄송합니다만, 저는 대선에 출마한 존 케리를 돕겠다는 약속을 이행하려고 노력하는 중입니다. 제가 1만 달러라는 목표를 달성할 수 있도록 250달러를 기부해주시길 희망합니다." 두 달 뒤 나는 아내와 어머니에게 받은 돈과 스스로 기부한 돈으로 목표 금액의 30퍼센트를 달성했다. 선거캠프에 전화를 걸어 그만두겠다고 말하진 않았지만 노력을 중단한 상태였다.

그때 린 트위스트를 만났다. 그는 왜 '돕는 것'이 도움이 안 되는지에 관해, 즉 함께하는 자유를 누리지 않겠다면 떠나달라는 요구를 받았던 이야기를 해줬다. 물론 그것이 내게 해준 유일한 이야기는 아니었다. 트위스트는 내 장모 크리스티가 개최한 행사에 참석하려고 내 고향인 루이빌에 머무르는 중이었다. 크리스티는 트위스트의 자금 모금 역량을 알고 있었다. 따라서 저녁식사 시간에 우리가 함께 앉은 것은 우연이 아니다. 그에게 내 고충을 털어 놓았고, 내가 사실상 도중하차했음을 고백했다.

그는 내 이야기를 들어줬고, 자신도 옛날에는 나와 같았지만 뭔가를 깨달았다고 말했다. 그 내용은 자기 책『돈 걱정 없이 행복하게 꿈을 이루는 법』에 다 나와 있지만 지름길을 알려주겠다고 제안했다. 아마도 내 간절함과 분노 때문이었을 것이다. 그는 우리가 취할 행동은 세 단계뿐이며 상당히 단순하다고 말했다. 나는 냅킨을 집어 들고 적어 내려갔다.

트위스트가 말하고 내가 휘갈겨 받아 쓴 내용은 다음과 같다.

1. 돈은 물과 같다. 흘러 다닐 때 우리를 치유한다. 고여 있으면 모든 것을 죽인다.
2. 자기 자신보다 더 큰 명분을 위해 돈을 쓰려고 하는 사람들에게만 요청하라.
3. 모든 사람에게 요청하라.

돈이 흐르도록 허용한다는 생각은 내가 뭔가를 비축하거나 '돕는' 일이 아닌 다른 무언가로 기부의 프레임을 새롭게 짜는 데 도움이 됐다. 트위스트가 말했듯이 돈은 치유의 수단이 될 수 있었다. 함께하는 자유를 위한 수단 말이다. 그리고 외견상 양립이 불가능해 보였던 2번과 3번은 많은 사람이 그랬듯이, 나도 그의 의

도대로 허를 찔렸다. 그가 말하려 한 요점은 '모든 사람이' 자기 돈을 자신보다 더 큰 명분을 위해서 쓰고 싶어 한다는 것이다. 그 명분이 당신의 사촌이나 후보가 아닐 수도 있다. 혹은 정당이나 심지어 정치가 전혀 아닐 수도 있다. 하지만 그 명분은 중요하다. 그리고 기부하라고 요청함으로써 당신은 그들의 돈이 흘러 다니도록 도와주는 것이다.

린과 대화한 후에는 '노'라는 답변이 더이상 상처가 되지 않았다. 나는 그 각각의 대답을 다른 후보, 혹은 그 사람이 신경 쓰는 다른 명분을 따르는 잠재적인 '예스'로 보게 됐다. 이는 린 트위스트의 조언에 담긴 중요한 관점이었고, 나는 그 관점을 내 것으로 채택했다. 그리고 '예스'나 '아마도' 각각은 나하고만 관련되거나 내가 약속을 지키도록 돕는 문제가 아니었다. 그것은 더 높은 목적을 이루기 위해 무언가를 함께 만들어내는 일이었다. 나는 자금 모금을 훨씬 더 잘하게 됐다. 나는 모든 사람에게 요청했다.

모금에 성공할 것 같지 않던 루이빌에서 거둔 성공을 바탕으로, 당시 나는 새로운 등급의 자금 모금 팀에 참여해달라는 요청을 받았다. 모금 팀에는 여러 등급이 있었고, 분명 그 팀이 최고 등급은 아니었다. 하지만 그들이 내가 속한다고 생각했던 등급과 비교해보면, 나는 등급이 '상승'한 셈이었다. 이 워싱턴 D.C.에 기반한 자금 모금 기구의 패턴과 어조는 트위스트가 독려했던 것과는 처음부터 상당히 달랐다.

그 팀에서 일하며 나는 모금 캠페인을 여러 차례 반복하는 동안 최고 등급의 리더들 중 한 사람 밑에서 큰 행사를 담당하게 됐다. 성공을 예상할 수 있었던 그 행사 바로 직전에 그는 자금의 대부분을 모금한 우리 소규모 그룹을 자기 집 식사에 초대했고, 선물을 하나씩 건넸다. 캠페인 로고가 박힌 넥타이였다. 거기 있던 10명 중에 남자는 2명밖에 없었는데도 말이다.

당신은 그 캠페인이 어떻게 끝났는지 알 것이다. 케리가 패배하고 부시가 재선에 성공했다. 지금 우리는 케리가 후일 가장 성공한 미국의 국무장관 중 한 사람이라는 사실을 알지만, 선거 후 한동안 내 세계관에서는 모든 것이 상당히 어두웠다.

방을 밝히다

누군가를 위해 자금을 모금한다면, 당신의 이름과 전화번호가 당내 모든 후보의 목표 리스트에 오를 것이다. 이는 현대 정치에서 법칙이다. 2년 후, 나는 여전히 지역 번호가 202°로 시작하는 전화는 모두 가려내며 받지 않고 있었다. 하지만 아내 브룩이 어느

•   워싱턴 D.C.의 지역 번호.

날 312°로 시작하는 낯선 번호에서 걸려온 전화를 조심스럽게 받았다. "매슈, 당신 이 전화는 받고 싶을 거야." 아내는 2층에 있던 나를 불렀다. 아내가 옳았다. 전화한 사람은 오바마 상원의원이었다.

그가 말했다. "여기 당신과 브룩이 케리를 위해서 얼마나 많은 돈을 모금했는지 보고 있어요." 나는 그가 겉치레를 하지 않아서 좋았다. 그는 상원의원들이 완곡하게 '콜 타임'°°이라고 부르는 시간에 인쇄된 스프레드시트를 보던 중이었다. 그의 어조는 사려 깊은 사람이 미국 정치의 자금 모금 시스템에서 느끼는 미묘한 부조리함과 함께 따뜻함을 담고 있었다. "저는 민주당 상원 캠페인 위원회Democratic Senatorial Campaign Committee(DSCC)를 지원하고 있습니다." 그는 말을 이었다. "켄터키주를 포함한 중부지방을 맡고 있고요. DSCC 지원을 도와줄 의향이 있으십니까?"

"글쎄요. 솔직히 말하자면 그다지 없습니다." 그는 웃음을 터뜨렸다. 나는 이어서 말했다. "하지만 당신이 루이빌로 오시는 건 대환영입니다. 그리고 당신을 초대하기 위해 DSCC 자금 모금 행사를 열어야 한다면, 그렇다면 좋습니다."

°   일리노이의 지역 번호.

°°   call time. 의원들이 국회의사당 인근 사무실에서 기부자들에게 전화로 모금을 요청하는 시간을 말한다.

　　　　　　기빙 파워

그는 2년 전에 민주당 전당대회에서 유명한 '붉은 주와 푸른 주' 연설*을 했던 터였다. 그리고 이미 대통령 후보로 뜨거운 논쟁의 대상이 된 상태였다. 그는 오겠다고 말했고, 나는 내 행운을 좀 더 시험해보기로 결심했다. "좋습니다. … 다만 한 가지가 더 있는데요. 당신 같은 분은 루이빌에 매일 오시지 않는 만큼, 오셨을 때 짧은 무료 행사를 하나 해도 괜찮을까요? 여기 사는 사람들 대부분이 우리의 자금 모금 행사에 올 수 없음은 명백하니까요."

"당연히 괜찮습니다." 그는 웃으면서 덧붙였다. "다만 무대에서 내 옆에 이상한 사람을 함께 세우지 않겠다고 약속하세요." 그는 자신의 약속을 지켰고 나도 그랬다. 계획한 대로 우리는 고액의 모금 행사**를 열어 자금을 모았다. 하지만 상당히 규모가 작을 거라고 생각했던 무료 행사는, 이곳의 마이너리그 야구장인 루이빌 슬러거 필드를 가득 채울 정도인 5000명 수준으로 커졌다.

오바마는 다음 날 아침에 무하마드 알리를 만나기 위해 그날 밤 루이빌에 머물렀다. 하지만 알리와의 약속 바로 직전에 우리는 그 만남이 몇 시간 연기됐음을 알게 됐다. 그가 밀린 일들을 하고 싶

• 오바마는 2004년 전당대회의 기조연설에서, 미국의 주들을 공화당 지지주(붉은 주)와 민주당 지지주(푸른 주)로 나눠 분열시키는 사람들을 비판하면서 하나의 미국을 강조했다.

•• high-dollar fundraiser. 큰 금액을 기부할 수 있는 소수의 사람들이 참여하는 모금 행사.

어 할 거라고 생각한 나는 내 사무실에서 개인 시간을 가지라고 제안했다. 하지만 그에게는 다른 아이디어가 있었다.

"갑작스러운 제안이라는 건 알지만, 지난 밤 기금 모금 행사에 올 수 없었던 친구들을 아십니까?" 그가 물었다. "아니면 민주당원이 아닌 친구들은요? 그 사람들을 초대해서 어떤 생각을 하는지 들어보기만 해도 좋을 것 같네요." 켄터키주에 사는 우리에게는 공화당에 속하거나 어느 당에도 속하지 않은 친구가 많았다.

우리는 곧 십여 명으로 구성된 그룹을 만들었고, 그들은 회의실 탁자 앞에 모여 앉았다. 오바마는 말을 조금 했지만, 너무 많이 하지는 않았다. 그는 탁자를 돌아다니며 사람들에게 그들이 무엇을 생각하고 있으며 어떻게 느끼는지 물어봤다. 그는 우리들 각자가 하려는 말을 자신이 이해했는지 확인하려고 이어서 질문했다. 때때로 메모했고, 사람들이 한 말과 거기서 나온 이슈들 중 몇 가지를 바라보는 자신의 관점을 간단히 요약하며 대화를 마무리했다. 이후 더 그레이티스트˙ 무하마드 알리를 만난 다음, 워싱턴으로 돌아가기 위해 공항으로 향했다.

알리를 방문한 후 공항으로 가는 길에 나는 음성 메시지를 확인

˙ The Greatest. 무하마드 알리의 이야기를 그린 영화 제목. "나는 위대하다. 내가 위대하다는 것을 알기 훨씬 전부터 나는 그것을 말했다 I am the greatest, I said that even before I knew I was"라는 알리의 명언에서 나온 표현.

했다. 음성 사서함은 회의실에 모였던 친구들이 남긴 메시지로 꽉 차 있었다. 그들은 각자 오바마에게 얼마나 감명을 받았는지 말했다. 놀라운 일은 아니었지만, 그들은 거기서 더 나아가 그가 얼마나 영감을 주는 연설가였는지 말하려고 애썼다. 이상한 일이었다. 내가 주의 깊게 관찰했지만, 그는 실제로 그다지 말을 많이 하지 않았기 때문이다.

나는 회의에 참석하지 못한 어느 친구의 전화를 받았다. 친구는 기대에 차서 "그가 방을 환하게 밝힌 거야?"라고 물었다. 나는 잠시 생각에 잠기지 않을 수 없었다. 그가 무슨 뜻으로 그런 말을 했는지는 이해했다. '우리를 환하게 비추는 정치인'이 뭔지 알고 있으니 말이다. 하지만 대답은 그리 단순하지 않았다. 분명히 방은 환하게 밝아졌다. 그러나 오바마는 내 친구의 말대로 방을 밝힌 게 아니다. 남을 끌어당기는(혹은 아마도 깜짝 놀라게 하는) 거대한 빛줄기를 비춘 것이 아니다. 오히려 그는 어떤 식으로건 모두가 각자 자신의 전구에 불을 켜도록 했다.

내 전구에도 불이 켜졌다. 그래서 오바마 상원의원을 공항에 내려주고 그와 헤어질 때, 나는 자연스럽게 이렇게 말했다. "당신이 대선에 출마했으면 좋겠어요. 당신이 출마하면 저는 모든 일을 내려놓고 풀타임으로 자원봉사를 하겠습니다."

하나의 별자리가 모양을 갖추다

몇 달 후 오바마 상원의원이 전화를 걸어와서 자신이 출마할 거라고 말했을 때, 내가 한 약속은 일자리가 됐다. 나는 이번에 오바마의 캠페인을 위한 또 다른 기금 모금 행사를 하고자 힘을 모으겠다고 말했다. 케리의 캠페인에서 만났던 많은 자원봉사자는 케리의 부통령 후보였던 존 에드워즈나 힐러리 클린턴 상원의원, 조바이든 상원의원 등 다른 후보를 위해 일하기로 이미 약속한 상태였다. 한 호텔의 작은 지하 회의실에서 '국가재정위원회'를 결성한다고 하여 시카고에 불려갔던 날, 그 도시에 전반적으로 흐른 냉대는 어떤 일을 시작하고자 함께 모인 우리의 따뜻한 아웃사이더들이 보여준 동지애와는 대조적이었다.

회의는 한 노련한 자원봉사자가 이 캠페인에서 어떤 등급의 자금 모금 그룹을 보유해야 하는지 물으며 시작됐다. 오바마의 대답은 단순했다. 등급 따위는 전혀 없다는 것이었다. 그는 배타적인 그룹을 유지해야 한다는 우리의 기존 개념을 모조리 불식시켰다. 그는 자금 위원회가 널리 퍼져나가길 원했다. 실제로 그에게는 이를 널리 퍼뜨릴 필요가 있었다. 그는 "여기까지 와서 참여해주셔서 감사합니다. 다시 만났을 때 훨씬 더 큰 방이 필요할 만큼 최소한 세 배는 더 커지지 않는다면, 우리는 뭔가 잘못하고 있는 겁니다"라고 말하면서 회의를 마쳤다.

나는 그 미션을 마음에 담고서 루이빌로 돌아왔고, 몇 달 전 행사에서 팀을 이뤘던 작은 그룹에서 작업을 시작했다. 우리는 한 사람당 최대한의 후원금을 이끌어내는 전형적인 자금 모금의 밤 행사를 개최하면서, 아울러 슬러거 필드에 왔던 5000명과 더불어 자기 자신보다 더 큰 무언가의 일부가 되고자 20달러를 기부하고 싶어 하는 다른 사람들을 위해 두 번째 행사를 하기로 했다.

이처럼 사람들을 직접 만나는 '소액 모금' 행사에는 모범 사례가 없었다. 선거캠프에서는 이런 행사를 비효율적이라고 여기며 시행하지 않았다. 1000명이 기부해봤자 1명당 20달러면 총 2만 달러였다. 차라리 최소한 2000달러를 낼 기부자 100명을 모아 그 10배인 20만 달러를 모으는 편이 훨씬 더 쉬웠다.

하지만 그날 저녁 야구장에서의 흥분을 목격한 나는 뭔가 다른 시도를 해야 한다는 의무감을 느꼈다. 우리 조직팀은 그곳에 있던 사람들 중 30명을 찾아서, 그들에게 각자 20달러를 내기로 약속할 사람을 30명 더 찾을 수 있을지 물어보려고 나섰다. 나는 우선 재능 있는 지역 영화 제작자 라이언을 찾아갔다. 그는 낮에는 우리 집 앞 도로 아래편에 있는 UPS(택배 서비스) 스토어에서 일했다. 케리의 캠페인 기간 중 매주 그곳을 방문하여 선거캠프 본부에 수표와 기부자 양식을 보내면서 그를 잘 알게 된 터였다.

그에게 20달러를 투자할 친구 30명을 찾을 수 있을지 물었다. 그는 잘 모르겠지만 노력해보겠다고 했다. 나는 다음 날 연락했고 그는 "다 찾았어요. 30명을 더 찾아볼까요?"라고 말했다. 다른 자원봉사자 29명에게도 그런 패턴이 반복됐다. 소액 모금 행사를 열 장소로 우선 1800명을 수용할 수 있는 곳을 골랐지만, 즉시 티켓 판매량이 그 수를 초과했다. 우리는 임시 티켓을 인쇄하고 새로운 장소를 골랐다. 그런 다음에는 티켓 판매량이 그 장소의 수용 인원인 2400명을 넘겨버렸다. 행사가 2주밖에 남지 않았을 때, 우리는 3200명을 수용할 수 있는 곳으로 장소를 확정했고, 그 숫자로 인원을 제한해야 한다는 사실을 몹시 아쉬워했다. 200명에게 티켓이 판매된 고액 모금 행사도 매우 잘 진행되고 있었다. 모든 것이 순조로운 느낌이었다.

그때 나는 원래 312 지역번호를 이용하는, 오바마 상원의원과 일했던 자금 모금 담당자 마이클의 전화를 받았다. 그는 좋은 소식과 나쁜 소식이 있다고 했다. 좋은 소식은 오바마가 2월 27일에 방문하는 일정이 확정됐다는 것이었다. 나쁜 소식은 그들에게 오직 한 가지 행사에 참석할 시간밖에는 없다는 것이었다. 그 행사는 고액 모금 행사가 될 터였다. 소액 모금 행사를 취소해야 할 판이었다.

나는 전화를 끊고 브룩에게 그 소식을 전했다. 아내는 내가 느낀 실망감에 공감했지만 체념에는 공감하지 않았다. "비행기를 타고 시카고에 가서 당신 의견을 주장해야지." 나는 불평을 늘어놓으면서 자기중심적으로 행동하는 골치 아픈 기금 모금 담당자 중

한 명이 되고 싶지 않다고 설명했다. 브룩은 의견을 굽히지 않았다. "그 사람들이 거절하면 이건 당신이 생각했던 캠페인이 아니게 되고, 그러면 당신은 거기에 많은 시간을 헌신해서는 안 돼."

아내가 옳았다. 캠페인 고유의 마법을 질식시켜 죽이기가 얼마나 쉬운지 깨닫는 데는 선거 사이클을 한 번 경험하는 것만으로도 충분했다. 3200명의 초대를 취소하고 환불을 해주게 되면, 그들의 지지는 잠재 에너지가 고여 낭비되는 웅덩이로 바뀔 터였다.

나는 그날 시카고 본사로 날아갔다. 커피 쏟은 흔적을 감출 카펫이 깔려 있고, 사용되지도 사랑받지도 못하는 파일 캐비닛이 줄지어 벽 쪽에 쌓여 있으며, 가구도 거의 없는 그곳의 복도에서, 나는 마이클의 도움을 받아 오바마 캠페인 관리자인 데이비드 플러프를 찾아냈다. 이처럼 전장답지 않은 장소에서 나는 내 생각을 주장했다. 고액 모금 행사 시간을 단축하면 두 행사를 다 치를 수 있다고 설명했다.

데이비드는 경청했지만 열성적이라곤 볼 수 없었다. "무슨 말씀인지 알겠습니다. 하지만 안 됩니다. 랠리*는 흥분을 이끌어내고 군중을 모아야 하는 여름에 할 겁니다. 그리고 그 분들은 나중에 온라인으로 기부를 할 수도 있고요. 지금 현재, 이번 1분기에

---

* rally. 정당을 지지하기 위한 대규모 집회.

는 '머니 프라이머리'*가 무엇보다 중요합니다. 따라서 당신의 랠리는 나중에 하겠습니다."[99]

나는 집요하게 주장했다. "이건 랠리가 아닙니다. 지난 9월 그가 대선 출마를 발표하기 전에 우리는 야구장에서 5000명의 사람들과 함께 이미 흥분을 끝냈습니다. 이번 건은 '자금 모금'입니다. 그들은 그의 이야기를 이미 들었고 이제는 투자하고 싶어 합니다."

"그렇군요. … 하지만 안 됩니다." 그는 단호했다.

나는 어색할 정도로 오랫동안 내 신발과 서글픈 카펫을 응시했다. 데이비드가 마침내 입을 열었다. "미안합니다. 당신은 정말로 실망한 것 같네요. 무슨 문제가 있는 거죠?"

"저는 3200명에게 티켓과 돈을 돌려줄 방법을 생각해내는 중입니다." 나는 설명했다.

"뭐라고요?" 그가 말했다. "3200명이 '이미' 서명을 하고 투자하기로 약속했다는 겁니까?"

"네, 각자 20달러씩이요."

---

* money primary. '보이지 않는 프라이머리'라고도 불리며 후보를 선출하는 예비 경선(프라이머리) 이전에 자금을 모금하는 과정이다. 이때 가장 많은 자금을 모금한 후보는 가장 강력한 후보이자 앞으로 더 많은 자금을 모금할 수 있는 후보로 여겨지는 만큼 이 과정은 선거 캠페인에서 핵심이다.

나는 그의 표정이 변하는 모습을 볼 수 있었다. 그 금액은 대선 캠페인에 쓰기에는 여전히 그렇게 많은 돈이 아니었다. 하지만 그는 이제 그 행사가 단순히 나중에 온라인 기부자들을 모조리 끌어들이기 위한 이른바 '특별한 거래'가 아니며, 뭔가 더 강력한 일이 벌어지고 있다는 걸 깨달았다. 수천 개의 특별한 관계가 형성되는 중이었다.

"그렇다면 해봅시다!"

우리는 행사를 개최했고, 이는 미국 전역으로 퍼져나갔다. 그리하여 이 행사는 직접 만나서 소액을 모금하는 자금 행사의 모범 사례가 됐다.

별자리가 성장하다

몇 달 후, 오바마가 추진력을 더 확보하면서 선거캠프 수뇌부는 내게 시카고에서 개최하는 세미나에서 공동으로 교육을 맡아달라고 요청했다. 미국 전역에서 모인 자금 모금 자원봉사자 100명 대상의 세미나였다. 우리는 다양한 지역 출신의 봉사자들이 골고루 섞이게 하고, 원탁 10개에 각각 10명씩을 앉혀서 워크숍 형태로 교육한다는 계획을 세웠다. 우리는 낮 동안 진행되는 세션에서 각 그룹에게 가장 얻고 싶은 것이 무엇인지 논의해달라고 요청했다. 8개의 그룹에서 나온 이야기는 똑같았다. 힐러리 클린턴이 아닌 오바마를 지지해야 하는 이유를 두고 논쟁할 때 그들이 이길 수 있도록 해줄 논점들을 원한다는 것이었다. 나머지 두 그룹도 그 이야기를 듣자, 대답을 바꿔 그들이 원하는 것도 똑같다고 말했다.

루이빌의 회의실 탁자에서 본 장면에 영감을 받고, 지난 몇 달간 자금을 모으며 그런 패턴과 어조를 모방하면서 거둔 성공으로 깨달음이 더 확고해진 나는, 손을 들어보라고 요청했다. "여러분 중 논쟁에서 지고 싶은 사람은 몇 명인가요?" 물론 아무도 손을 들지 않았다. "아무도 논쟁에서 지고 싶지 않다면, 왜 우리는 논쟁에서 이기는 것이 우리의 일이라고 스스로를 설득하는 거죠? 우리가 실제로 이겨야 할 대상은 무엇입니까?"

이 질문은 활발한 토론에 불을 붙였고, 우리는 캠페인에서 주로 효과를 거두는 다음의 방식에 관해 그룹별로 이야기했다. 즉, '표적' 리스트에 오른 과거 기부자들에게 '폭격'을 가할 수 있도록 대화의 '논점'으로 스스로를 '무장하고', 전화를 걸어 그들 중 일부를 '낚아채며', 궁극적으로 이 모든 활동을 통해 최대 금액 기부자 몇 명을 '차지'하는 데 성공한다는 방식이다.

나는 비즈니스 분야의 작가이자 블로거인 세스 고딘의 은유를 빌려서, 내 생각에 이 캠페인을 차별화할 방법을 다음과 같이 요약했다.

▶ 기존 방식을 설명하는 모든 단어가 사냥이나 낚시를 상기시킨다는 점을 주목하라. 사냥의 사고방식을 도입하면, 당신은 사냥감을 얻게 될 것이다. 나무 밑에 사슴 열 마리가 서 있고 그중 한 마리를 총으로 쏜다면, 최선의 경우 한 마리를 잡고 아홉 마리는 도망칠 것이다. 바람직하지 않은 계산이다. 그 대신 농사를 짓듯이 자금 모금에 접근하면 계산이 달라진다. 당신은 씨를 뿌리고 있다. 모든 씨앗이 뿌리를 내리지는 않겠지만 뿌리를 내린 것들은 열매를 맺으며 더 많은 씨앗을 만들어낸다. 우리 일은 씨앗을 퍼뜨리는 것이다.

이 이야기가 너무 비유적으로 들릴 수 있음을 감지한 우리는 실제 수치로 방향을 돌렸다. 불과 몇 달 전인 2007년 1분기에 힐러리 클린턴의 캠페인 자금 모금 현황을 보여주는 슬라이드가 우리에게 있었다. 막 출범했을 때, 클린턴 선거캠프의 데이터베이스에는 힐러리 클린턴의 상원의원 출마와 빌 클린턴 전 대통령 선거의 캠페인에서 얻은 약 25만 명의 이름이 들어 있었다. 보고 마감 기한인 3월 말까지 그들은 그중 5만 명을 실제 기부자로 전향시켰다.

엄청난 사냥이었다. 마케팅을 해본 적 있는 사람이라면 20퍼센트를 전향시키는 일이 단순히 놀라운 정도를 넘어서는 수준이라는 걸 안다.

한편 오바마 포 아메리카Obama For America 캠페인은 엑셀 스프

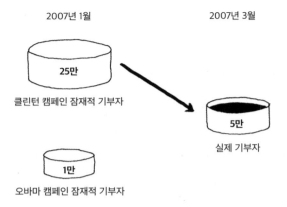

2007년 1월　　　　　　　　2007년 3월

25만

클린턴 캠페인 잠재적 기부자

5만

실제 기부자

1만

오바마 캠페인 잠재적 기부자

레드시트에 대충 작성한, 많아야 1만 명 정도의 이름을 가지고 시작했다. 클린턴이 25대 1로 우위였다.

심지어 똑같이 뛰어난 전향율을 유지한다 해도, 그들의 접근방식을 이용했다면 우리는 겨우 기부자 2000명을 확보하는 결과로 끝날 수도 있었다.

하지만 우리 선거캠프가 3월 말에 보고한 기부자 수는 10만 명이었다. 무슨 일이 일어난 것일까? 클린턴의 캠페인은 사냥이었다. 매우 성공적이었지만, 여전히 사냥이었다. 그들은 하나의 부분집합을 확보했다는 데 행복해했다. 그것은 분열이었다.

우리 캠페인은 그렇게 작은 수의 부분집합을 얻어서는 성공할 수 없었다. 그래서 농사를 짓고, 번식시켰다. 이는 예비선거 캠페인에 기부자 숫자만 더 늘린 것이 아니라 전체 기부 금액까지 더 커지는 결과를 가져왔다. 오바마를 위한 기부금은 1900만 달러였

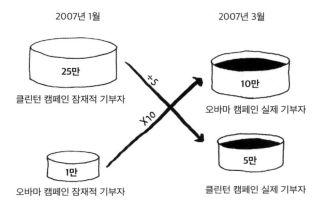

2007년 1월 | 2007년 3월

25만
클린턴 캠페인 잠재적 기부자

+5

X10

10만
오바마 캠페인 실제 기부자

1만
오바마 캠페인 잠재적 기부자

5만
클린턴 캠페인 실제 기부자

고, 클린턴을 위한 기부금은 1600만 달러였다.

나는 세미나에 참가한 자원봉사자들에게 집에 돌아가면 다음과 같은 새로운 시도를 해보라고 독려했다. 얼마나 정당하건 얼마나 설득력이 있건 상관없이, 논쟁에서 이기려고 노력하지 말라. 대신 모든 사람이 둥글게 모여 앉아서 각자 미국에서 느끼는 공포와 희망을 공유하자고 요청해보라. 노트패드를 들고 가서 거기에 모든 내용을 적으라. 일단 모두가 자신을 표현하고 나면, 그들은 종종 당신에게 다가와서 그런 대화를 나누었다는 사실에 감사를 표할 것이다. 엄밀히 따지자면 당신이 이야기를 많이 하지는 않았으므로 대화를 나눴던 것은 아니지만, 그들은 그렇게 느껴진다. 그런 다음 그들에게 친구와 이웃들로 구성된 다른 그룹을 위해 같은 일을 해달라고 요청하라.

이것이 오바마가 매일 하는 일이었다. 이것이 오바마가 아이오와주의 옥수수밭에서 했던 일이었다. 그는 산수를 알고 있었다. 특별한 관계의 유익한 마찰은 증식한다. 논쟁에서 비롯된, 좌절감을 주는 마찰은 우리를 갈라놓는다.

별자리가 만개하다

실제로 아이오와주 전역의 옥수수밭에는 오바마가 있었다. 그리고 저녁식사 자리와 거실, 공장에도 있었다. 선거캠프에서는 클린턴을 물리칠 가능성이 조금이라도 생기려면 오바마가 아이오와 코커스*에 참가한 사람들을 놀라게 만들어야 한다고 믿었다. 아이오와는 오바마식의 증식이 민주당 내부자들 사이에서 클린턴을 지지하는 세력을 상대로 승산을 가질 수도 있는 장소였다. 마침내 코커스의 날이 왔고, 나도 그곳에 있었다.

미국 대통령 선거의 메커니즘에 통달하지 않은 (대부분의 행복한) 사람들을 위해 설명하자면, 민주당과 공화당의 대선 예비선거는 아이오와 코커스에서 시작된다. 우리 선거캠프는 내가 '코커스 참관인'으로 봉사할 장소로 아이오와의 주도 디모인 북부의 한

---

* caucus. 정식 당원만 참석하여 대의원을 선출하는 전당대회 행사를 말한다. 북아메리카 인디언 부족의 '원로' 또는 '추장 회의'를 뜻하는 말에서 유래했다.

학교를 배정했다. 내 역할은 명확했다. 코커스가 끝나면 이메일로 진행 상황을 보고하는 것이다. 혹은 어떤 일이 잘못됐을 때 긴급 이메일을 보내, 캠프에서 선거 변호사를 보내야 할지 결정할 수 있도록 하는 것이다.

코커스는 공개적으로 실시되는 일종의 그룹 투표다. 기본적으로 특정 구역에 사는 유권자들이 큰 방 하나에 모인다. 그리고 모든 사람이 자기가 선호하는 후보자 이름이 적힌 표지판 아래에 가서 선다. 그 방에 있는 사람의 숫자를 세어봤을 때 전체 중 15퍼센트 이상을 득표한 후보자들은 '생존가능viable' 상태라고 불렸다. 다음으로 자신이 선택한 후보자가 충분히 득표하지 못한 유권자들이, 생존가능 상태의 다른 후보자 중에서 한 명을 선택하는 두 번째 라운드가 있다. 각 코커스 장소는 배정된 점수만큼(우리 장소는 5점)의 가치가 있고, 생존가능 상태에 있는 후보자들이 그 점수를 비율대로 나누게 된다.

경선은 매우 치열해 보였고, 가능한 모든 점수를 확실하게 끌어모아야 했기 때문에 나 같은 사람들이 미국 전역으로 보내졌다. 주지사를 포함해 아이오와주 민주당 관리자들은 사실상 모두 클린턴을 지지했고, 따라서 오바마 선거캠프는 혹시나 개입이 있을까 봐 신경이 예민해졌다.

나는 시간 여유를 많이 두고 그 장소에 도착했고, 일찍 도착한 다른 사람들과 대화를 나눴다. 다 함께 힐러리의 대통령 선출을 지지하는 티셔츠를 입은 60대 여성 7명은 1976년부터 매번 코커스에 참여하기 위해 함께 이곳에 온다고 말했다. 자신들이 지지한 후보가 거기서 진 적은 한 번도 없다면서, 눈이 오는 밤이라 2명이 늦어지고 있지만 곧 도착할 거라고 했다.

그때 갑자기 다른 한 여성이 등장해, 중학교 과학 선생님에게서 볼 수 있을 법한 명료함으로 자신이 코커스를 진행한다고 우리에게 알려줬다. 7시가 다가오자 그는 모든 사람을 준비시켰다. 그런 다음 코커스 참여자들에게 각자 해당하는 코너로 가라고 말했다. 코너 벽에 부착된 표시판에는 빌 리처드슨, 존 에드워즈, 버락 오바마, 힐러리 클린턴 등의 이름이 적혀 있었다.

충격적이었다. 클린턴 코너에 8명밖에 없었던 것이다. 내가 만난 여성 7명과 남성 1명이었다. 리처드슨 코너와 에드워즈 코너에는 각각 5명이 있었다. 그리고 오바마 코너에는 64명이 있었다. 그들의 피부색과 연령대는 각양각색이었다. "이 사람들이 누구지?" 우리 캠프에는 엄청난 소식이었다. 우리가 이겼을 뿐만 아니라 5점을 모두 차지할 터였다. 클린턴조차도 생존가능 상태가 되기 위한 문턱인 15퍼센트 득표율을 넘지 못했다. 한 사람이 모자라 요건을 갖추지 못한 것이다. 나는 이 기쁜 소식을 전하기 위해 본사에 보낼 이메일을 작성하기 시작했다.

그러자 시끄러운 '콰당' 소리와 함께 뒤편 방화문이 열리고 두 여성이 걸어 들어왔다. 리더들은 그들을 멈춰 세웠다. 그들은 클린턴을 지지하는 티셔츠팀 중에 나타나지 않았던 두 사람으로 밝혀졌다. 나는 뛰어가서 "잠깐만요. 7시가 지났어요. 규정 위반입니다!"라고 말하고 싶었지만 공식 캠페인 참관인으로서 말하는 것이 허용되지 않았다. 나는 혹시 모를 경우에 대비해 이메일 제목을 '긴급: 문제 발생'으로 바꿨다.

코커스의 리더는 모든 사람을 조용히 시킨 다음 이렇게 말했다. "규정은 명확합니다. 7시에 이 방에 있는 사람들만 참여가 허용됩니다." 휴우. 하지만 그가 말을 이었다. "그런데 또 하나의 규칙이 있습니다. … 글쎄요. 이게 규칙인지는 모르겠군요. 하지만 이곳의 전통입니다." 이런. "우리가 이 방에서 투표로 합의한다면, 규칙을 수정해서 이 분들을 참여시킬 수 있습니다."

오케이, 문제없군. 우리가 90개의 투표권 중에 72개를 확보하고 있었다. 오바마 코너에서는 자기들끼리 대화한 후 비공식 리더를 뽑았고, 그가 그룹의 합의 사항을 보고했다.

"우리는 모두 동의합니다. 그들도 선거에 참여해야 합니다." 그가 선언했다.

뭐라고? 급하게 선출된 리더는 내가 어리둥절해 하는 모습을 보고 내게 걸어와 그룹의 결정을 설명했다. "이 전체 캠페인에서는 모든 사람의 의견이 들려야 합니다. 모든 사람이 존중받고 모두가 참여하는 거죠. 모두는 모두입니다."

늦게 도착한 두 사람은 클린턴 코너로 향했다. 그다음에는 생존이 불가능한 리처드슨과 에드워즈 코너에 있던 사람들이 새로운 후보를 선택해야 했다. 10명 모두 오바마 코너에 합류했다. 그들은 소속감을 느꼈고, 원칙이 그저 설파되는 것만이 아니라 실행으로 옮겨지는 모습을 막 본 상태였다. 오바마는 4점을 얻었고, 클린턴은 1점을 얻었다. 나는 큰 교훈 한 가지를 얻었다.

사실 그것은 내가 시카고에서 기금 모금을 담당하는 동료들에게 알려주려고 노력했던 교훈의 더 심오한 버전이었다. 루이빌에서 우리와 이야기를 나누었던 오바마가 그랬듯이, 다른 사람의 목소리에 귀를 기울이고 서로의 희망과 공포를 공유하는 것은 실제로 효과가 있었다. 하지만 그것은 군사 전술이 아니었다. 이기기 위해 증식시키는 전략 따위가 아니었다. 그랬다면 이는 피라미드 사고방식이었을 것이다. 그 대신 귀 기울여 듣고, 공유하고, 마음을 여는 것이 캠페인에서 표를 얻는 수단이자 곧 캠페인 그 자체의 목적이었다. 귀 기울여 듣는 정부를 위한, 귀 기울여 듣는 캠페인. 그 '어떻게how'가 바로 '무엇what'이었다.

코커스의 밤이 오기 전 꼬박 1년 동안 오바마의 현장 사무국에서는 전국에 씨를 뿌렸다. 현장조직의 리더였던 스티브 힐데브란트와 폴 튜스는 사무실에 있는 모든 사람에게 우리가 무슨 일을 하고 그걸 어떻게 하는지 상기시키기 위해 임시 포스터를 붙여놓았다. 존중하라respect, 권한을 부여하라empower, 참여시키라include. 시카고에 있는 오바마 본사에서 나온 것은 아니었지만 이 문구는 주 전체로 퍼졌고, 결국 전국에 있는 모든 현장 사무국에까지 알려졌다. "우리는 할 수 있다Yes, We Can"가 나중에 캠페인의 공식 슬로건이 됐지만, 캠페인의 패턴과 어조를 설정한 것은 '존중하라, 권한을 부여하라, 참여시키라'였다. 거기서 블룸 루프와 상호 의존, 별자리가 탄생했다.

이런 증식은 경험 많은 정치 참관인들을 놀라게 하면서, 아이오와 코커스에서 승리를 얻어내기에 충분했다. 또한 조직가들에게 예상치 못했던 도전 과제를 던져주기도 했다. 그들은 이제까지 참여를 원하는 사람들을 그토록 많이 확보한 적이 없었던 것이다. 두 개의 핵심 주인 캘리포니아주(대의원의 숫자가 단연코 가장 많기 때문에)와 사우스캐롤라이나주(아이오와주 예비선거가 끝나고 불과 몇 주 후에 예비선거가 열리기 때문에)에 있던 캠페인 연락책인 버피 윅스Buffy Wicks와 제러미 버드Jeremy Bird는 밀려드는 자원봉사의 열정을 저주가 아닌 축복으로 만드는 방법을 논의하려고 전화기에 매달려야 했다.

그들은 급진적인 해결 방법을 시도하기로 합의했다. 이 책의 도입부를 건너뛰지 않은 독자들을 위해 설명하자면 우리가 만난, 오바마 캠프의 이름을 밝히지 않은 젊은 스태프 두 명이 바로 버피와 제러미였다.

극단적으로 단순하게 말하자면, 통상적인 선거캠프의 업무는 유권자들이 선거일에 나타나도록 독려하면서, 냉소적으로 들리겠지만 다른 쪽을 지지하는 모든 사람들은 나오지 않도록 독려하는 일이다. 선거캠프에서 가능성 있는 유권자들의 이름과 주소, 그들이 우리 후보를 지지할 가능성을 기재한 리스트인 '유권자 파일'은 경쟁 후보에게 유출될 수도 있기 때문에 대개 녹스 요새[*]처럼 철저하게 보호한다. 버피와 제러미가 시카고 본사에 제안한 급진적인 해결책은 녹스 요새를 개방하자는 것이었다. 헌신적인 자원봉사자들이 유권자 파일에 접근할 수 있게 해서, 약간의 기본 교육을 받고 조직화 업무 중 많은 부분을 인계받도록 하자는 것이다.

캠페인 지도부는 오바마 측 자원봉사자 중에 다른 선거캠프에서 온 첩자가 있을 가능성을 우려해 처음에는 이 제안을 거부했다. 버피와 제러미는 첩자가 전혀 '없다'고 보장할 수는 없지만, 그들 대부분은 명백하게 첩자가 아니며 그들의 에너지가 잠재적인 데이터 도난을 감수할 만한 가치가 있을 거라고 답변했다. 그리고 선거캠프를 개방하지 않는다면, 자원봉사자들을 돌려보내야 할 상황이었다. 그 그룹이 가진 파워를 촉발하려면 본인들이 가진 파워 중 일부를 포기해야 했다.

캠페인 리더들은 동의했다. 버피와 제러미는 온라인으로 유권

---

[*] Fort Knox. 미국 켄터키주 북부 루이빌 남쪽의 육군 기지로, 연방 금괴 저장소가 있다.

자 파일을 관리하는 회사에 연락해 트래픽의 증가에 대비하라고 말했다. 왜냐하면 그저 유급 직원 몇 명이 접근하는 정도가 아니라 수백 명, 혹은 어쩌면 수천 명에 달하는 자원봉사자들이 거기에 접근할 수도 있었기 때문이다. 너무나 많은 캠페인 사이클을 지켜봤던 그 회사 사람들은 잘난 체하며 문제가 없을 거라고 그들을 안심시켰다. 파일을 개방한 날, 자원봉사자들의 트래픽은 서버를 압도했고 하루 동안 다운시켰다. 저런, 그 회사도 교훈을 얻은 셈이다.

버피, 제러미, 그리고 다른 사람들은 곧 그 에너지를 극대화하는 일반적인 프로토콜을 정립했다. 유급 조직가를 1명 고용했고, 그 조직가는 다시 6명 내외의 '슈퍼 자원봉사자'를 모집했다. 그들은 대개 일주일 중 많은 시간을 헌신하는 65세 이상이거나 25세 미만의 봉사자들이었다. 모든 슈퍼 자원봉사자가 정규 자원봉사자 10명을 발굴했고, 그들 각자는 가능성이 높은 일정한 숫자의 유권자들이 투표하도록 노력해야 할 책임을 맡았다.

선거캠프가 처음으로 어떤 주에 진입할 때, 각각의 유급 조직가(다음 그림에서 가운데 자리한 원)와 그들의 슈퍼 자원봉사자들은 한 도시의 큰 부분(일명 '구역turf')을 담당한다. 그들이 성공했다는 진정한 신호는 그들의 구역을 확장하는 것이 아니라 그 반대다. 당신이 일을 잘한다면 더 많은 자원봉사자가 합류하고, 당신의 구역은 줄어들고, 당신의 지식은 깊어지며, 당신의 관계는 성장할

눈송이 모델

것이다. 결국 성공한다면 당신의 담당 구역이 오로지 도시의 블록 하나밖에 안 되는 듯이 조그맣게 보이게 될 것이다.

이는 눈송이snowflake 모델이라고 불린다.[100] 오바마와 공화당의 존 매케인 사이에 대선이 치러진 날, 이 모델은 50개 주 전체에서 작동하고 있었다.

그 모양은 위와 같았다.

대선 당일, 선거캠프가 노력을 들여야 할 일은 더이상 유권자 설득이 아니었다. 당신을 지지한다고 말한 사람들이 실제로 확실하게 투표하도록 만드는 것이었다. 자원봉사자들이 흩어져서 유권자들이 확실하게 투표장에 가도록 독려해야 하는 만큼, 이는 자원봉사자 네트워크에 대한 중대한 시험이기도 했다. 이 책의 서문에서 나는 '플레이크 비율flake rate'이라는 용어를 설명했다. 미리 약속했지만 그 약속을 깨고 나타나지 않는 자원봉사자들의 비율이다. 정말 나쁜 경우에 10명 중 8명이 나타나지 않아서 플레이크 비율이 80퍼센트가 될 수도 있고, 정말로 좋은 경우에는 그 비율이 30퍼센트까지 낮아질 수도 있다. 안전을 기하려면 보통 그 비율을 50퍼센트로 보고 캠페인 활동을 계획한다. 하지만 그날 핵심 전장이었던 어떤 주에서는 오바마 자원봉사자들의 플레이크 비율이 '마이너스 50퍼센트'를 기록했다. 10명이 오겠다고 약속하고 15명이 등장한 것이다. 이것은 새로운 산술 영역이었다. 이를 '눈송이 비율'이라고 불러도 될 것이다.

이 장 앞부분에 나온 사진 두 장을 기억해보라. 추운 1월의 대통령 취임일에 연단 뒤쪽 야외 관람석에 있는 200만 명의 사람들을 봤을 때, 나는 군중을 보지 않았다. 그렇다고 개인들만 본 것도 아니었다. 나는 12명으로 구성된, 아이오와주의 옥수수밭에 있던 그룹을 봤고, 오바마가 다음 도시로 옮겨간 후에 그들이 존중하고, 권한을 부여하고, 참여시킨 12명을 더 상상했다. 그리고 그 상황은 아이오와주, 사우스캐롤라이나주, 캘리포니아주, 켄터키주 등 미국 전역에서 계속됐다. 나는 함께하는 자유를 추구하는 서로 다른 사람들로 이뤄진 작은 그룹들과 함께하면서, 그들을 통해 자기 자신을 발견하는 개인들을 봤다. 파워를 내어주고 그리하여 더 많은 파워를 창조하면서 말이다.

눈송이 테스트

사실 그 눈송이는 오바마가 키운 것이 아니다. 눈송이는 스스로 자랐다. 그 눈송이는 '존중, 권한 부여, 참여'의 에너지로 자란 덕분에, 성장하고 포착하는 선순환 속에서 더 많은 에너지를 방출할 수 있었다. 그리고 이러한 자기 반복성 성장은 자연에서는 흔한 현상으로 밝혀진 바 있다.

우리는 모두 나무에서 가지가 갈라지고, 그 가지와 줄기가 퍼져 나가면서 더 가늘어진다는 사실을 안다. 나무 전체는 단순한 가지 치기 패턴이 계속해서 반복된 결과물이다. 사람들은 이런 유형의 성장에 오랫동안 관심을 가져왔다. 아래에 나오는 그림은 레오나르도 다빈치가 그린 스케치다.[101]

그가 보여주는 것은 단순한 Y 패턴이 반복된 나무 한 그루다. 이런 반복적 패턴을 연구한 사람들은 이를 '자기유사성self-similarity'이라고 부른다. 그리고 자연에는 이런 자기유사성 가지 치기 특성으로 성장하는 수많은 유형의 사례가 존재한다.

이들 자기유사성 패턴은 프랙털fractal이라고 불린다. 실제 눈송

이도 프랙털이다. 현미경으로 눈송이를 보면, 눈송이 한 덩이가 아주 작은 눈송이들로 이루어진 모습을 볼 수 있다. 이런 유형의 프랙털 성장이 일례로 나무에서처럼 그토록 성공적인 이유 중 하나는 이것이 복잡한 '종합 계획' 없이도 엄청나게 복잡한 무언가를 창조할 수 있기 때문이다. 대신 이 성장은 하나의 성공적인 패턴(프랙털에서 '씨앗 패턴'으로 불리는)으로 시작되고 이를 반복한다. 나무들은 에너지를 이용해, 공간을 더 많이 차지하고 표면적을 더 넓혀서 태양에서 더 큰 에너지를 포착할 수 있는 Y 가지들을 만들어낸다.

별자리도 같은 방식으로 성장한다. 오바마의 씨앗 패턴과 어조는 '관계를 맺기 위해 귀 기울이기' 정도로 묘사할 수 있다. 듣는 사람 역시 밖으로 나아가 관계를 맺기 위해 귀를 기울이도록 (그

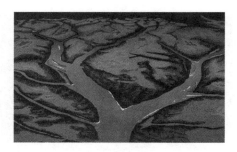

강의 삼각주[102]

브로콜리

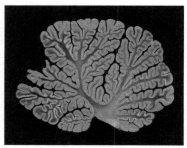

뇌 속의 뉴런들

리고 기타 등등 여러 활동을 함께하도록) 영감을 주는 상호의존의 연대 속에서, 다른 사람들의 희망과 공포를 자신의 희망과 공포와 연결하고자 노력하는 것이다. 이는 오바마가 행동과 언어, 심지어 소소한 버릇에서 모델로 삼은 패턴과 어조다. 선거캠프는 이를 명확하게 '존중하라, 권한을 부여하라, 참여시키라'라고 표현했다.

기빙 파워

일단 자기유사성을 이해한다면, 우리는 자신이 설파하는 패턴에 얼마나 진실한지 스스로를 쉽게 테스트할 수 있다. 이것을 눈송이 테스트라고 부르기로 하자. 이 테스트에서는 단순한 질문 하나만 던진다. '그 패턴이 장소와 규모를 불문하고 똑같은가?' 달리 말하자면 '당신이 방금 표현하거나 관찰했던 그 작은 패턴이, 그걸 반복하고 또 반복했을 때 당신이 원하게 될 커다란 대상과 같아 보이는가'라는 질문이다. 우리는 조용해지기 위해 소리를 지르고 있는가? 평화를 찾으려고 돌을 던지고 있는가? 치유를 받기 위해 싸우고 있는가?

죽음과 삶

이 책을 주의 깊게 읽은 독자라면 3장에서 메리 파커 폴릿이 파워를 나눠주는 파워를 위해서라면 죽을 수도 있을 정도로 깊은 신념을 가지게 됐다는 사실을 기억할 것이다. 누군가에게는 별나게 혹은 극적으로 보이겠지만, 제인 제이콥스라면 이에 전적으로 공감했을 것이다. 제이콥스는 폴릿보다 한 세대 뒤에 태어났지만, 피라미드와 별자리 사고방식 그리고 그 둘 사이의 투쟁에 걸린 이해관계를 폴릿과 마찬가지로 날카롭고 명료하게 이해하고 있었다. 그는 대공황부터 냉전시대까지 우리 문화에서 피라미드가 주도했던 시기와 몇십 년이 겹쳐진 자신의 생애 내내 별자리의 위대한 옹호자였으며, 파워가 성장하게 하려면 파워를 내려놓아야 한다는 주장에서는 결코 흔들린 적이 없었다.

제이콥스는 1차 세계대전 중 펜실베이니아주 스크랜턴시에서 중산층 가정의 딸로 태어났다. 그는 고등학교를 졸업하자마자 가능한 한 빠르게 뉴욕으로 탈출했다. 첫 직업은 속기사였고 그 일을 하면서 비상한 관찰력을 연마했다. 이를 바탕으로 먼저 훌륭한 기자가 되었으며, 그다음에는 사람들이 때때로 그에게 붙이곤 했던 꼬리표에 언제나 반항하는 대중 사상가이자 작가로 거듭났다(89세의 나이로 그가 사망했을 때 《뉴욕 타임스》는 부고란의 헤드라인에서 그를 '도시 활동가urban activist'[103]라고 부름으로써, '도시주의자'이자 '활동가'라는 유명한 꼬리표 두 가지를 하나로 합쳤다). 제이콥스의 파워는 삶의 전 영역을 두려움이나 선망의 대상으로가 아닌, 사실 그대로 보는 능력에서 나왔다.

1950년대에 그는 뉴욕의 '실세'인 로버트 모지스에게 맞선 사건으로 처음 유명해졌다. 모지스는 동료 진보개혁가와 함께 '슬럼 청산'이라는 이름으로 그리니치빌리지와 리틀이탈리아 사이에 고속도로를 놓으려 했고, 제이콥스는 이를 막기 위해 불도저를 멈춰 세웠다. 몇 년 후에는 도시계획의 전 분야에 이의를 제기한 『미국 대도시의 죽음과 삶』이라는 베스트셀러를 써서 그 사건을 계속 다뤘다. 대중역사에서는 그가 아름다운 건물들의 외관과 역사, '도시 조직urban fabric'을 지키기 위해 모지스와 싸웠다고 말한다. 전혀 그렇지 않다. 그가 보존한 것은 삶이었다. 경제 전반에 에너지를 공급하는, 별자리 속에 존재하는 사람들의 그룹들 말이다.

제이콥스는 도처에서, 특히 번창하는 도시에서 별자리를 봤다. 그곳에는 경쟁과 협력, 공동창조라는 나름의 씨앗 패턴을 형성하면서 바쁘게 움직이는 이웃과 상점 주인들과 산업이 있었다. 제이콥스가 보기에 위대한 도시들은 위대한 동네들로 이루어져 있었고, 동네들은 또다시 위대한 블록들로 이루어져 마치 눈송이처럼 형성돼 있었다. 그는 삶에 담긴 모든 규모의 복잡성에서 아름다운 질서를 봤지만, 피라미드 사고방식은 이와 대조적으로 혼돈을 봤다. 피라미드는 제이콥스가 삶을 죽이는 것과 다름없다고 봤던 '슈퍼블록superblocks'과 대형 주택 프로젝트라는 형태로 그 나름의 질서 개념을 도입했다. 그런 계획들은 눈송이 프랙털 테스트를 통과하지 못했다. 끔찍하게도 그런 일들은 진보라는 구실 아래서 집행되고 있었다.

그는 우리에게 자연이 어떻게 작동하는지 상기시킴으로써 자신의 주장을 인정받으려고 노력했다. 사막과 밀림을 비교해서 생각해보라. 두 곳 모두 태양에서 같은 양의 에너지를 받는다. 하지만 그 에너지를 가지고 하는 일은 사실상 정반대다. 밀림은 지붕 모양으로 우거진 나뭇가지부터 땅까지, 그리고 토양 속과 뿌리 시스템까지 수많은 층을 통해 에너지를 다시 순환하고 연결한다. 반대로 사막은 같은 에너지에서 적은 양만 열로 흡수하고, 남는 것은 거의 사용이나 순환되지 않은 상태로 반사한다.

밀림에서 모든 에너지를 보존하기 위한 핵심적인 활동 두 가지는 가지치기와 연결하기다. 식물들은 말 그대로 가지를 치고, 동물들은 번식과 종의 변이를 통해 가지치기를 한다. 그런 다음 이 모두는 상호작용한다. 거기에는 협력이 있다. 경쟁이 있다. 공동창조가 있다. 그것이 생명이다.

제이콥스는 로버트 모지스가 뉴욕을 모세Moses의 일화에 등장하는 사막으로 바꾸려 한다고 비난하지는 않았지만, 그것과 비슷한 주장을 했다. 그는 모지스와 같은 부류의 사람들이 상업용, 베드타운용, 산업용으로 구역을 별도로 지정한 '종합계획'을 어떤 도시에 적용했을 때, 그 계획이 이미 존재하는 것들끼리 서로 가지를 치고 재순환할 가능성을 남겨두지 않는다고 느꼈다. 종합계획의 단순한 질서가 오버헤드 프로젝터로 비추는 발표 자료에서는 멋있게 보일지 모르지만, 그 질서는 그가 '플랜테이션 타운'● 이라고 불렀던 결과로 불가피하게 이어졌다. 이는 톱다운 실세들이 만들어내는 섬세함이 부족한 폐단이자, 너무도 많은 것에서 체

● plantation town. 되는 대로 성장한 도시들과 달리 수십 년에 걸쳐 인위적으로 계획되고 설계된 도시.

계적으로 자율성을 빼앗는 일이었다.

디 호크에게 '끌어내다educe'라는 단어가 있었다면, 제이콥스에게는 '가지를 내다ramify'라는 단어가 있었다. 이 단어는 '결과'라는 의미인 '영향ramification'이라는 단어의 어근이다. 하지만 '가지를 내다'라는 단어만 놓고 보면 가지치기 혹은 차별화하기라는 뜻으로 읽힌다. 이것은 능동사다. 제이콥스는 에너지가 가지를 내어 새로운 기회를 찾는다고 느꼈다. 새로운 브랜드나 제품 라인으로 가지를 치고, 새로운 지역으로 가지를 치는 것처럼 말이다. 이런 작고 반복적인 진화가 시간이 지나면서 엄청난 영향력을 만들어낸다. 환경이 더 역동적일수록, 이런 사고방식을 가진 사람이 더 많아질수록 더 많은 에너지가 생산될 것이다. 그리고 에너지는 그저 반복적으로 나누어지고 되돌아오는 힘인 만큼, 법정통화와도 같다.

제이콥스는 꾸준히 책을 썼고, 불도저가 삶을 파괴하고 죽음을 향한 길을 내는 것을 막고자 활동가로 모습을 드러냈다. 삶의 황혼기에 제이콥스는 불도저들을 막아낸 일이 자신의 가장 큰 기여라고 생각하느냐는 질문을 받았다.[104] "아닙니다." 그는 대답했다. 전혀 아니었다. 그는 단지 불도저들이 자라나는 것들을 밀어버리려는 시도를 멈추지 않을 것이기 때문에 그 일을 했다. 그의 생각에 자신이 얻은 가장 중요한 성찰은 죽음을 예방하는 것이기보다는 삶의 패턴을 발견하고 이 패턴이 성공적인 무언가(도시, 기업 경제 등)를 성장시키는 방법을 알아내는 것이었다. 그는 이를 인간사의 영역에서 '프랙털'을 발견하는 것이라고 요약했다.[105]

제인 제이콥스는 우리에게 열heat을 찾으라고 가르쳤다. 그는 이렇게 썼다. "빈곤의 '원인'을 찾는 일은 … 지적으로 막다른 골목에 들어가는 것입니다. 빈곤에는 이유가 없기 때문입니다. 오직 번영만이 이유가 있습니다."[106] 열에는 원인이 있지만 차가움은 뜨거워지는 과정들이 사라졌을 때 남겨진 결과일 뿐이다. 그래서 과학자들은 열(열역학)을 연구하며, 차가움을 연구하는 분야는 없다. "당연하게도 빈곤의 엄청난 차가움과 경제 침체는 단지 경제 발전이 부재하기 때문입니다. 이 문제는 적절한 경제적 프로세스가 작동할 경우에만 극복할 수 있습니다." 이는 오로지 별자리만이 할 수 있는 일이다.

하지만 만약 제이콥스가 옳다면, 어떻게 그렇게 많은 사람이 틀릴 수 있을까? 그때나 지금이나 우리는 삶에서 모든 다양성과 복잡성, 움직임을 보면서도, 왜 이것들을 혼돈으로밖에 여기지 못하는 사고방식을 선택할까? 이 얼마나 기운 빠지는 일인가. 왜 그런 걸까? 이 책의 서두에서 우리가 인정했듯이, 제이콥스가 성장에서 근본적이고, 불가분의 관계가 있고, 피할 수 없는 측면이라고 본 것, 즉 불확실성을 피하기 위해서라면 우리는 거의 어떤 일이라도 할 것이기 때문이다. 기억하라. 삶 속에서 우리는 무언가를 성장시키지 않는다. 그들이 자라도록 내버려둬야 한다. 그것을 피할 방법은 없다. 성장과 불확실성은 한 묶음으로 거래된다.

하지만 그래도 괜찮다. 아니, 괜찮은 정도 이상이다. 이용할 방법만 안다면 불확실성은 결코 무작위성이 아니기 때문이다. 불확실성은 태양에서 나오는 열처럼 잠재적인 에너지다. 불확실성이 전체 시스템을 작동시킨다. 어떤 새로운 가지치기가 일어날지, 어떤 가지가 자랄지, 어떤 것이 시들지, 어떤 것이 다른 가지와 연결될지 우리는 알지 못한다. 지미 웨일스와 디 호크는 말하자면 밀림을 만드는 데 불확실성을 활용했고, 그것이 모든 별자리 리더가 하는 일이다. 그들은 생태계를 창조해 모든 규모에서 에너지를 이용하고 재사용한다. 그 중심에는 폴릿이 상호의존을 이루려는 그룹에 제시한 처방전이 있다. 회의에 온전한 우리를 가져가고, 상처와 희망(에너지가 머무는 곳)을 품으며, 이를 다른 사람들이 계속 이용하고 재사용할 수 있는 생산적인 무언가로 바꿔놓는 것이다.

제인 제이콥스, 폴릿과 톰슨, 그리고 이 책에서 우리가 만난 모든 영웅에게 별자리는 특정한 환경에서만 채택되는 대안적인 모델이 아니다. '피라미드'가 대안적 모델이다. 그리고 이 모델은 극도로 위험할 수 있다. 불확실성을 제거하고, 단순화하고 외골수의 목표에 매진할 목적으로 개인들에게서 파워를 쥐어짜내고 다른 모든 것보다 안정성을 중요시하는 피라미드 사고방식은, 위기 상황에서 우리를 구해줄 수 있지만 권위주의와 가부장제, 노예제로

이끌기도 한다. 반면 별자리는 하나의 '모델'이 전혀 아니다. 이것
은 자연의 각본이며, 삶 그 자체다.

6장
우리 사이의 견해 차이

핵심은 모두가
영향력이 있는 동시에
취약하다고 느끼는 것이다.

내가 1993년에 대학을 졸업하고 네 번째 직원으로 합류한 회사는 누가 봐도 매력과는 거리가 멀었다. 뭔가 새로운 '인터넷 회사'였고, 어머니와 룸메이트들에게도 똑같이 그렇게 설명할 수밖에 없었다. 우리 회사는 이 컴퓨터라는 것을 모든 사람이 이해해야 한다는 데 승부를 걸었고, 따라서 이토록 새로운 인터넷에서는 물론 케이블 TV에서도 컴퓨터 잡지를 보는 경험을 창조하고 싶어 했다.

이것이 얼마나 기초적인 수준이었는지 조금이나마 감을 잡을 수 있도록 설명하자면, 우리는 인터넷 사용 방법을 설명하는 VHS 테이프를 19.99달러에 팔았다. 우리는 스스로를 컴퓨터 네트워크The Computer Network, 씨넷CNET이라고 불렀다. TV의 '네트워크'를 뜻했고, 아울러 한 집단의 사람들이 모두 함께 연결됐다는 의미에서 네트워크이기도 했다. 정확하게 무슨 뜻인지는 알지 못했지만, 우리가 작지만 대담했던 한때에 이 말은 크고 대담하게 들렸다.

《PC 매거진》,《컴퓨터 쇼퍼》,《맥월드》같은 따분한 잡지들이 소리도 없이 엄청난 수의 구독자와 광고주들을 확보해나가고 있었다. 세 잡지는 3대 비즈니스 잡지와의 판매량 대결에서 3대 1의 점수를 내며 많이 팔리게 됐다. 나는 그 소식을 1000번 정도는 되뇌었을 것이다. 우리를 거절했던 벤처캐피털 회사들을 설득하려고 공동 창업자들이 이 사실을 홍보 문구에 활용했으며, '혁신 담당이사'였던 내가 최초 업무로서 복사기를 임차하고자 신용을 승인받으려던 때처럼 걸린 것이 적은 만남에서도 반복해서 그 문구를 썼다.

직위는 거창했지만, 내 주된 프로젝트는 사람들이 '셰어웨어'를 찾도록 도와주는 온라인 서비스를 구축하는 일이었다. 셰어웨어는 대부분 재미로 집에서 만든 소프트웨어나 〈둠〉과 〈듀크 누켐〉같은 게임, PC와 관련된 흔한 문제들을 해결해주는 소프트웨어였다. 사람들은 공짜로 혹은 권장 기부금을 내면서 이들을 공유했고, 전 세계 대학, 지방자치단체, 기업들이 호스팅하는 서버처럼, 그들이 저장할 수 있는 장소라면 어디든 이 셰어웨어들을 저장하고 있었다.

슬로베니아에서 일하는 한 민간 엔지니어는 이처럼 다운로드가 가능한 소프트웨어들의 글로벌 네트워크가 엄청난 자원이라는 사실을 깨달았지만, 월드와이드웹의 새로운 사용자들은 이를 전혀 몰랐다. 그래서 그는 셰어웨어를 찾는 일을 덜 당황스럽게 만드는, 단순하고 검색이 가능한 일종의 포털을 개발했다. 그는 우리에게 이 포털을 판매했고, 우리가 이를 제대로 구축할 수 있게 됐다는 사실에 기뻐했다. 우리는 이를 단장해서 셰어웨어닷컴shareware.com이라는 사이트로 재출범했다.

몇 주가 지나면서, 주 사이트인 씨넷닷컴cnet.com의 방문자 수도 상당히 늘어났지만, 셰어웨어닷컴의 인기는 폭발적으로 늘었다. 트래픽이 매일 두 배씩 증가했다. 셰어웨어 퍼블리셔들은 우리에게 와서 자기 파일을 호스팅해달라고 부탁했다. 우리는 호스팅을 제공하지 않았고, 따라서 그들에게 서버의 글로벌 네트워크에 관해 알려줬다.《PC 매거진》과 다른 잡지들을 출간한 우리의 주 경쟁 기업인 지프데이비스Ziff Davis는 양보다 질을 강조하는 다른 접근 방법을 취했다. 그들은 직접 그들의 서버에서 다운로드할 수 있도록 호스팅을 제공했고, 접근 권한을 회원으로 제한했으며, 그들이 제공하는 셰어웨어의 전문가 추천에 관해 허풍을 떨었다. 하지만 유저들은 클릭 수로 그들의 의사를 밝히며 우리를 찾아왔다.

우리는 사람들이 참여할 수 있는 더 다양한 방식을 찾아내야 한다는 사실을 깨달았고, 비전문가인 방문자들이 우리 제품 리뷰 페이지에 자신의 의견을 공개적으로 밝히도록 허용했다. 당시에는 새로운 일이었고 경쟁 업체들은 우리가 미쳤다고 생각했다. 우리 생각은 이랬다. 전문 필진이나 에디터들과 달리 실제로 싱크패드 ThinkPad(노트북)를 소유한 독자들은 광고에서 말한 대로 정말 뉴욕에서 샌프란시스코까지 가는 비행기 안에서 노트북 배터리가 유지되는지 말해줄 수 있으리라는 것이었다. 커뮤니티가 성장하고 있음에도, 회사 안팎의 회의론자들은 이 현상이 지속될 수 있을지 계속 의심했다. "유저들이 반대급부로 '받는' 건 뭔가요?" 자신이 아는 사실을 공유하고 서로를 도울 수 있는 기회를 빼면, 그들이 받은 것은 티셔츠 한 벌이 전부였다.

피라미드의 복수

이제 이 책의 이 지점까지 온 만큼, 씨넷에서 일어난 일이 그리 신비롭지는 않다. 하나의 별자리가 형성되고 있었던 것이다. 그 별자리는 인터넷이 원래 가진 정신이자 빈트 서프와 밥 칸이 세운 씨앗 패턴 덕분에, 그리고 우리가 스스로를 게이트키퍼로 끼워 넣지 않았기 때문에 형성됐다. 그 대신 우리는 특별한 관계, 블룸 루프, 가지치기를 이룰 수 있는 조건을 설정했다. 비록 그 당시에는 방법과 이유를 정확하게 설명할 수 없었지만, 나는 일어나는 일에 매료됐고 그 일이 가져오는 마법을 볼 수 있었다.

닷컴 열풍의 거품은 부글거렸지만 1998년까지는 아직 터지지 않은 상태였다. 우리는 마케팅 캠페인 한 가지에 1억 달러를 지출할 거라고 발표했다. 2년 전에 회사를 상장한 우리는 투자 은행가들이 '활동자금'*이라고 부르는 돈을 엄청나게 보유하고 있었다.

---

* war chest. 특정 캠페인이나 프로젝트에 쓰도록 용도가 정해진 펀드.

그 전에 나는 우리가 왜 그토록 많은 돈을 지출해야 하는지 궁금했다. CEO에게 물어보자 그는 이렇게 말했다. "왜냐하면 우리가 그렇게 할 수 있으니까. 또한 큰 액수이고 사람들이 이 캠페인을 보도할 거니까. 이건 '대박이 아니면 쪽박'인 순간이야."

나는 마케팅 메시지의 전달을 도와줄 메이저급 외주 회사를 고용했다. 창문도 없는 회의실에서 기쁨이라곤 없는 브레인스토밍 세션을 가진 후, 그 광고 회사는 새로운 태그라인*을 제안했다. 우리는 그해에 스포츠 중계 방송인 〈먼데이 나이트 풋볼Monday Night Football〉의 스폰서를 맡은 터였다. 태그라인은 경기장과 뉴욕시, 샌프란시스코 전역을 다니는 버스와 옥외광고판에서 반복될 예정이었다. 회사 회의실에 등장한 포스터에는 그 구호가 다음과 같이 실렸다.[107]

친구라면 자기 친구가 기술에 관해
조언하도록 내버려두지 않는다.
컴퓨터와 기술의 원천

우리는 정말로 그렇게 했다.

우리가 배운 모든 것과 정확하게 반대였다. 커뮤니티에 참여한 사람들은 취미로 셰어웨어에 열정을 가졌고, 노트북의 배터리 수명에 관심을 기울였으며, 우리를 널리 알렸다. 그들은 '친구'였고 보수를 받는 전문가가 아니었다. 하지만 이 광고 캠페인에서 우리는 스스로를 꼭대기 자리에 올려놓았다. 우리는 "이곳은 당신 같은 사람들이 함께 모여서 서로 도와줄 수 있는 장소입니다" 대신 "와서 우리에게서 지혜를 얻으라"고 말하고 있었다. 더 최악으로는 우리도 점차 그 말을 믿기 시작했다.

우리는 지금 우리가 '공간'의 전체 주도권을 확보하기 위해 승자독식의 전투를 한다는 사회적인 통념을 받아들였고, 활짝 피어나고 있는 우리 별자리에 큰 피라미드를 떨어뜨렸다. 활동자금을 쓴다는 것은 더이상 고객을 섬기는 데 중점을 두지 않는다는 의미였다. 이제 주안점은 승부에 있었다. 이들은 매우 명확하게 서로 다른 두 가지 사안이었다. 그리고 우리는 이겼다. 씨넷의 주가는 상승했고, 곧 전 세계에서 근무하는 직원 수가 3000명에 달하는 회사로 성장했다.

- tagline. 원래는 연극의 마지막 대사를 의미하며, 기업이나 브랜드에 꼬리표처럼 따라붙는 함축적 단어나 짧은 문구를 말한다.

그즈음 나는 결혼을 했고, 브룩과 함께 브룩의 고향 루이빌로 이사를 가기로 결정했다. 씨넷에서 계속 일하긴 했지만 나는 관리직을 내려놓고 최고전략책임자CSO로 혼자서 하는 업무를 맡았다. 하버드경영대학원에서는 씨넷이 마케팅 예산을 100만 달러에서 1억 달러로 늘릴 때 잘했던 모든 일과 관련해, 교수 두 사람이 최근 발표한 사례연구에 의견을 달라고 요청하면서 나를 초대했다. 연구의 공식적인 제목은 「CNET 2000: 하버드경영대학원 사례 800-284번」이었다. 어려운 질문은 없었다. 학생들은 주로 어떻게 우리의 성공을 복제할 수 있는지, 혹은 어떻게 우리 회사에 입사할 수 있는지 알고 싶어 했다.

그때는 닷컴 버블이 터지고 우리 회사 주가가 역사상 최고점이었던 80달러에서 80센트까지 폭락하기 정확하게 한 달 전인 2000년 2월이었다. 오로지 살아남기 위해, 우리는 최대의 라이벌 회사와 절박한 합병을 추진했다. 결국 씨넷은 다시 일어섰고 CBS에 매각됐다. 그 후 해당 사례연구는 하버드경영대학원에서 쓰는 용어로 말하자면 '은퇴' 상태에 놓였다.

피라미드의 복수, 파트 2

앞 장에서 살펴봤듯이, 오바마 캠페인 전까지 나는 별자리 사고방식의 마법과 친근하지도, 거기에 관여하고 있지도 않았다. 2008년 대선일, 마이너스 플레이크 비율을 경험한 나는 우리가 씨넷에서의 실수를 반복해 피라미드 사고방식이 되돌아오도록 할 수도 있다는 걱정은 눈곱만큼도 하지 않았다. 어쨌든 전 세계에는 피라미드의 일부가 된 사람이 너무나 많았다.

대통령이 취임하고 불과 며칠이 지났을 때, 나는 그다지 확신할 수 없었다.

선거일 밤이 되자 그 직위의 무게는 눈에 띄게 오바마의 몸을 짓눌렀다. 금융위기가 한창이었고, 이라크에 주둔하는 병력 수준도 최고조에 달한 상태였다. 아프가니스탄에서는 병력 수준이 다시 상승하고 있었다. 위협에 대한 장황한 설명과 직무의 순수한 복잡성은 모두 더 권위적인 리더십 스타일을 요구하는 것처럼 보였다. 한편 공화당에서는 그들 자신도 인정했지만 어떤 이슈에서도 오바마 대통령의 승리를 허용하지 않는다는 계획에 합의했다. 심지어 그들이 이념적으로 지지하는 이슈도 말이다. 그들은 다른 어떤 것보다 오바마이즘Obamaism을 더 큰 위협으로 느꼈다.

오바마는 경제위기에 대처하는 경기 부양안을 놓고, 당시 야당이던 공화당 하원의원들과 대화를 나누려고 미국 의회를 방문하는 이례적인 절차를 취하려 했다. 공화당 지도부의 에릭 캔터는 공화당의 접근 방식을 요약한 백서를 오바마에게 제공했다. 오바마는 그에게 백서가 토론을 시작하기에 합리적인 지점이라고 말했지만, 캔터는 토론을 거부했다. 협상하지 않겠다는 뜻이었다.

그들은 모든 것을 가지고 싶어 했다. 본질적으로 그들은 피라미드를 이용한 봉쇄로 오바마의 별자리를 포위하려고 노력했다. 그들과는 유익한 마찰이 불가능할 것임이 명확했다.

'존중하라, 권한을 부여하라, 참여시키라'는 당파적 교착 상태에 부딪혔지만, 자원봉사자들의 거대한 네트워크라는 만트라는 여전히 수백만 명의 에너지를 뿜어냈다. 캠페인의 공식 명칭은 '오바마 포 아메리카Obama for America'였고, 항상 OFA라는 약자로 표기됐다. 캠페인이 끝난 지금, 그들은 명칭을 '오거나이징 포 액션 Organizing for Action'으로 영리하게 변경해 OFA라는 약자은 물론 그들의 에너지까지 유지할 수 있었다.

그들은 이제 이 네트워크를 아직 닥쳐오지 않은 중요한 입법 투쟁에서 승리하기 위한 무기로 휘두를 예정이었다. 누구도 이것이 나쁜 아이디어라고 생각하지 않았다. 오히려 우리는 모두 이를 당연하게 여겼다. 하지만 이 당연한 일은 별자리의 심장에 있는 마법을 죽이는 결과를 가져왔다. 무슨 일이 일어난 걸까?

우리는 자신도 모르는 사이 수많은 별자리가 과거에도, 그리고 그 이후에도 했던 일을 저질렀다. 피라미드 사고방식의 미끼를 문 것이다. 콕 집어서 말하자면, 그리고 우리에겐 기쁜 일이었지만, 오바마 대통령이 공화당 의원들에게 이렇게 말한 것이다. "선거에는 결과가 따릅니다. … 제가 이겼다는 거죠."[108]

사실은 이렇다. 선거에는 승자를 위한 결과가 따른다. 그리고 모든 결과가 좋지는 않다. 한 명의 후보자뿐만 아니라 '이기고 지는 승부' 역시 이긴다. 피라미드 사고방식이 이기는 것이다. 워싱턴의 기득권층과 언론은 오로지 이런 전투 모드만 안다. "선거에는 결과가 따릅니다"라는 재담이 2년도 지나지 않아 다시 인기를 얻었다는 사실은 놀랍지 않다. 공화당원들이 중간선거에서 하원의 다수석을 차지하자 그 재담을 되돌려준 것이다.

새로운 패턴과 어조에 전념하기

씨넷에 있을 때와는 달리, 비록 내가 아직 그것을 온전히 표현할 수는 없다 해도, 이번에는 내가 구현하기 시작한 보고, 생각하고, 행동하는 방식을 놓지 않기로 결심했다. 나는 오바마의 패턴과 어조를 계속 유지하고 싶었지만, 내 것은 다소 다르리라는 사실도 알고 있었다. 오바마는 내가 결코 복제할 수 없는 기술을 보유한 뛰어난 인재이지만, 나에게는 내가 집중하고 싶은 내 나름의 재능과 세계관이 있었다. 오바마 대통령은 내게 주스웨덴 미국 대사가 되어달라고 요청했고, 나는 피라미드 사고방식을 저지하는 데 헌신하겠다고 결심했다.

그 일이 어렵다는 건 알고 있었다. 미국 국무부에서 보낸 처음

몇 주는 그저 어려움의 정도를 확인하는 데 그쳤다. 우리는 연방기관을 생각할 때 당연히 관료주의를 떠올린다. 하지만 미 국무부는 언제나 저 포토맥강 건너에 자리한 훨씬 더 큰 오각형의 형제(펜타곤)보다 더 개방적이고 창의적이라는 명성을 보유해왔다. 생사가 걸린 권한을 부여받은 국방부는 몇 배나 더 많은 관심과 자금을 얻지만, 국무부는 친선을 촉진하고 갈등을 예방하는 일상적인 기술인 '국정운영statecraft'의 실무자들에게 안식처가 돼야 했다. 전 세계에 퍼진 미 대사관은 미국의 작은 조각이며, 국무부는 이 조각들로 이뤄진 분산된 네트워크였다.

국무부는 새로 임명된 대사들을 위해 '참 스쿨Charm School'이라고 불리는 2주간의 오리엔테이션 과정을 운영했다. 이 이름을 보고 TV 리얼리티쇼 〈참 스쿨〉에 나오는 설득에 관한 수업 혹은 왕자와 함께 있을 때 찻잔을 쥐는 방법 같은 이미지가 떠오를지 모르지만, 실상은 그 둘 중 어떤 것도 아니었다. 미국 외무부US Foreign Service 출신이 아닌, 외부에서 온 모든 사람(대사들 중 약 30퍼센트)에게는 이 과정을 헤쳐 나가도록 도와주는 가이드가 제공됐다. 나를 담당한 가이드는 칼Carl이었는데, 이번 2주 동안 무엇을 기대해야 할지 물어보자 그는 솔직하게 털어놨다. "진실을 알려드릴게요. 거의 파워포인트로 사람을 죽이는 과정입니다."

그의 말이 맞았다. 국무부의 조직도와 두문자어를 나열한 파워포인트 자료가 끝도 없이 이어졌다. 맛보기로 제공하자면, 어떤 발표자는 두문자어가 가득한 박스들 사이에서 움직이는 화살표로 조직도에 생기를 불어넣으려고 노력하면서, 슬라이드의 내용을 다음과 같은 설명으로 보강했다.

▶ 여러분은 모두 EUR에 있습니다. 따라서 문제가 생기면 예산에 관해서는 당신의 PDAS에게 M과 상의할 것을 요청할 수 있습니다. 하지만 반드시 IX/IO를 거치도록 하세요. 그 사람들이 게이트키퍼니까요. 물론 R에게 추가 자금이 있는 경우(그런 경우가 종종 있습니다)가 아니라면 말이죠. 하지만 여기서 돈은 대체 가능한 것이 아니니까 불평을 하고 싶다면 H에게 동참하실 수 있습니다.[109]

(관심 있는 사람들을 위해 내용을 번역해보면 다음과 같다. "당신은 유럽 본부 소속이니 어떤 프로그램을 운영할 추가 자금을 알아보고 싶다면 유럽을 담당하는 미 국무부 수석 부차관보의 도움을 받아야 합니다. 그리고 그들은 통상적인 방법으로, 또는 그 방법이 실패한다면 공공외교국Public Diplomacy Bureau을 통해서 자금을 확보하려고 할 수 있습니다. 하지만 국회가 예산을 통제하는 만큼 그런 시도는 아마도 성공하지 못할 겁니다." 더 단순하게 한마디로 말하자면 이렇다. "추가 자금을 요청하지 마세요.")

슬프게도 참 스쿨은 미 국무부의 정확한 자화상이었다. 마지막 날 칼은 국무부의 문화를 광범위하게 경고하며 오리엔테이션에 관한 자신의 비관적 견해를 덧붙였다. 그는 콜린 파월Colin Powell에 관한 일화를 들려줬다. 그가 국방부에서 몇 년간 뛰어난 성과를 거둔 후, 조지 W. 부시 대통령 정부의 국무장관 직무를 맡은 지 몇 주쯤 지났을 때의 이야기였다.

파월 국무장관과 외교부 공무원들로 구성된 그의 팀은 메인 스테이트 빌딩* 7층 공식 회의실에 있는 테이블에 둥그렇게 모여 앉았다. 그 층은 가장 고위급들이 일하는 곳이라 '권력층'으로 알려져 있었다. 목재 패널 벽으로 둘러싸인 그 방은, 엄청나게 넓은 복도와 형광등 조명이 완성하는 황폐한 병원 같은 매력을 가진 그 건물의 나머지 부분과는 전혀 다르게 보였다.

이야기에 따르면, 그는 팀을 둘러보면서 이렇게 말했다. "난 여기 있는 모든 사람이 이 도시를 운영하는 비결을 이해했다고 생각하지 않네. 이는 전적으로 하나의 부처나 기관으로서 여러분이 가진 것이자 다른 누구도 가지지 않은 것에 관한 비결이지." 그런 다음 그는 물었다. "해군이 가지고 있는, 다른 누구도 갖지 않은 것이 무엇이라고 생각하나?"

마침내 누군가 추측을 내놨다. "배인가요?"

---

* Main State Building. 미국 국무부의 사령부가 있는 건물로 공식 명칭은 해리 S. 트루먼 빌딩이다.

"배는 아니지. 배를 보유한 건 해양경비대지. 답은 항공모함이네. 파워를 보여주기 위한, 떠다니는 우리의 거대한 플랫폼 말이야. 그것이 해군의 독창적인 것이지. 공군은 어떨까?"

누군가 소심하게 살짝 항공기를 제안했다. "항공기는 아니지. 해병대에도 항공기가 있고, 육군에도 항공기가 있으니까. 공군은 미사일을 가지고 있네. 서부에 있는 아주 큰 것들 말이야."

"이제" 그가 물었다. "이곳 국무부에 있는 우리의 특별한 것은 무엇일까?"

그때 마침내 해답을 알았다고 생각한 한 참가자가 다른 사람들이 여태 표출하지 않았던 확신을 보이며 말했다. "이 장소요. 메인 스테이트, 해리 S. 트루먼 빌딩이요."

"아니네. 빌딩이 아니야. 누구나 빌딩을 갖고 있지. 어떤 건 벽이 다섯 개고 다른 것들은 네 개고 말이야. 우리 모두는 이곳 수도에 빌딩을 가지고 있네. 그러니 아니야. 국무부가 가진 것은 전 세계에 퍼진, 외교적인 참여를 위한 220여 개의 플랫폼이야. 대사관이라고 불리지. 하지만 이 건물 안을 돌아다니다 보면, 심지어 그것들이 존재한다는 사실조차 자네들은 결코 알지 못할 거라네."

파월은 그곳에서 더 오랜 기간 일해온 사람들이 보기를 잊어버린 것을 볼 수 있었다. 그의 팀은 피라미드 파워의 꼭대기를, 워싱턴에 있는 사람들은 백악관을 올려다보고 있었다. 그들은 자신의 상대적인 중요성을 상상했고, 희소성을 봤다. 파월은 반대 방향인

저 바깥에 있는 별자리를, 그리고 풍부함을 봤다.

시험 패턴

참 스쿨에 참여하는 동안, 국무부의 피라미드 사고방식은 나를 힘들게 했다. 오리엔테이션이 끝나고 이제는 백악관을 방문해 오바마 대통령의 대사로 공식적으로 파견될 시간이었다. 나는 정확하게 그곳에서 무엇을 발견하게 될지 확신할 수 없었다.

사진에 그토록 자주 등장하고 〈웨스트 윙〉 같은 드라마와 영화에서 재창조됐던 '오벌'(대통령 집무실)은 정확하게 내가 생각했던 모습이었다. 하지만 정말로 나를 놀라게 한 것은 그 장소 전체가 어떻게 들리고 느껴지는가 하는 감각이었다. 백악관이 얼마나 쥐 죽은 듯 조용한 장소인지, 그리고 젊은 직원들이 근무복과 신중한 태도로 얼마나 제한을 받는지 느낄 수 있었다. 그들은 캠페인 중에는 순수한 에너지 발전기였다. 이제 그들을 둘러싼 공기는 무겁고 순종적이었다.

반대로 타원형의 방에서 대통령은 느긋했고, 따뜻했으며, 개방적이었다. 사교적인 인사말과 의례적인 절차가 끝났을 때, 내가 대통령에게 할 진짜 질문은 하나밖에 없었다. 그래서 내가 소파 구석 자리에 앉고 그는 내 오른편에 있던 자신의 의자에 앉았을 때, 바로 본론으로 들어갔다.

"대통령님, 처음으로 외교관이 된 사람에게 해줄 조언이 있으신가요?"

그는 의자에 기대앉아 양손으로 무릎 주변에 깍지를 꼈고, 천정 샹들리에를 내 예상보다 좀 더 오래 쳐다봤다. 그런 다음 그는 나를 바라보고 말했다. "글쎄요, 매슈, 귀 기울여 들으세요."

그리고 한 박자가 지났을 때 나는 혼자 속으로 생각했다. "네, 물론 저는 대통령님의 말씀에 귀를 기울일 겁니다…. 그게 제가 여쭤본 이유이고요…." 나는 펜을 꺼내고 작은 검은색 노트 첫 페이지를 편 채, 주옥같은 지혜를 받아 적을 준비를 하고 앉아 있었다. 하지만 또 한 박자가 지났고, 그다음에 또 한 박자가 지났다. 그의 말이 "내가 앞으로 할 모든 엄청난 조언에 귀 기울일 준비를 하세요"가 아님을 깨닫는 데는 어색할 만큼 긴 시간이 걸렸다. 초보 외교관을 위한 그의 조언은 단순히 "귀 기울여 들으세요"였던 것이다.

나는 수년 전에 내 장인이 알려준 교훈과 함께 대통령의 지침을 간직하고 스톡홀름으로 향했다. 내 장인은 위스키 제조업체를 운영했다. CEO, 화가, 자선가, 그 외의 많은 역할과 더불어 그는 켄터키주 출신의 증류주 생산자였다. 그는 지혜가 충만한 사람이었다. 그는 내게 위스키를 만드는 데는 세 단계가 필요하다고 설명해줬다. 그 세 단계는 모든 종류의 좋은 것을 만드는 일에 관한 비유이기도 했다.

첫 번째 단계는 발효fermentation다. 사실상 눈에 보이지도 않는 작은 존재인 이스트를 포함해 천연 재료들이 필요하다. 이스트는 물과 곡류를 모두 보글보글 끓게 만드는 촉매다. 그리고 이 보글거림은 오로지 당신이 적절한 환경을 제공할 때만 일어날 수 있다. 너무 더워도, 너무 추워도 발효가 제대로 되지 않는다. 이 단계에서 멈추면, 맥주가 된다(하지만 당신이 마시고 싶어 하지 않을 종류다).

두 번째 단계는 증류distillation다. 딱 핵심적인 성분만 남도록 정제하는 작업이다. 하지만 여기서 멈춘다면, 당신이 얻게 되는 술은 사실상 보드카다. 보드카라서 잘못됐다는 것은 아니지만 보드카는 반나절 안에도 만들 수 있다고 그는 말했다.

세 번째 단계는? 나는 그 답을 안다고 생각했다. 묵힘ageing. 아니다. 그다지 맞는 답이 아니었다. 그 단계의 일부가 시간인 것은 맞았지만, 정확한 답은 오크통 속에서 보내는 시간이라고 그는 설명했다. 기술적인 용어로는 '성숙maturation'이라고 한다. 반복해서 계절과 함께 더워지고 또 시원해지면서 오크통 속에서 보내는 시간이 핵심이다. 팽창하고 수축하는 시간, 오크통에서 색깔과 특성, 복잡성을 위스키로 이끌어내는 시간이다.

이 교훈은 당시에는 물론 그 후에도 내가 합의와 불일치, 감사와 분함, 경쟁과 협력에 관해 생각하는 방식의 하나로 도움을 줬

다. '귀 기울여 듣기'와 '위스키'는 외교관 생활을 시작하면서 내
좌우명이 됐다. 듣기는 다른 사람을 필요로 한다는 의미이고 위
스키는 신중한 과정을 거친 변화를 의미하기 때문에, 폴릿도 이 두
가지를 지지했을 것이다.

초보 외교관

스톡홀름에 자리한 미국 대사관의 외관과 내부의 느낌은 두 가지
큰 요인, 즉 냉전과 9·11이 가져온 결과물이다. 스웨덴 사람들에
게는 미국 대사관이 스파이 행위에 대비해 설치한 것처럼 보이는
통신 장치들로 장식된, 언덕 위에 자리한 중세 스타일 요새처럼
느껴졌다. 스웨덴 사람들이 가진 미국에 대한 불신을 대변하는 빌
딩이었다.

스웨덴과 미국 간의 별자리를 만들기 위해, 나는 세상과 격리되
었다는 우리의 평판을 바꾸는 일을 우선순위로 삼았다. 뛰어나지
만 (이해할 법하게도) 때로는 회의적인 대사관 직원들과의 심각한
실랑이 끝에 우리는 '미국 대사관 로드쇼US Embassy Road Show'라
고 불렸던 행사를 출범했다. 나는 자발적으로 참여하고 싶어 하는
직원들을 환영했고, 아울러 대사관에 남아서 중요한 업무를 처리
해도 전혀 문제 없다고 그들을 안심시켰다. 이 일은 편가르기 테스

트가 아니었다.

루이빌 출신인 나는 더 작은 도시일수록 방문객들에게 진정으로 고마워한다는 사실을 알았기에, 마땅히 받아야 할 사랑과 관심을 받지 못하는 장소를 먼저 방문하기로 했다. 스웨덴은 인구 규모로는 시카고와 같고 지리적 규모는 캘리포니아와 같다. 선택할 도시는 많았지만, 우리는 대학 도시이며 북부에서 빠르게 성장하는 도시들 중 하나인 우메오로 정했다.

우리는 이른 아침 시내 한 가운데에서 쉐보레 아발란치 플렉스 퓨얼 픽업트럭에 연결한 고전적인 에어스트림 밤비 트레일러의 붉은 차양을 펼쳤다. 그런 다음 미국식 팬케이크 아침식사를 요리하기 위해 테이블을 몇 개 설치했다. 사람들이 지나가면서 궁금해하도록 바깥에서 팬케이크를 만든다는 것이 내 계획이었다.

새로 마련한 전기 구이판은 우리 희망대로 작동하는지 한번 확인하고서 가져왔다. 우리가 구이판을 테스트했을 당시에는 기온이 섭씨 10도 정도였지만, 그때는 영하 7도였다. 한 TV 방송국에서 우리를 인터뷰했을 때, 내게 두 손을 마주대고 비비는 행동을 그만하라고 언론사 출신 동료가 보내는 신호가 내 시선을 사로잡았지만, 너무 늦었다. 인터뷰를 하던 사람은 그 장면을 포착했고, 저녁 뉴스 시청자들은 정치인과 악수에 관한 농담을 눈으로 보며 즐겼다.

내가 제대로 굽지도 않은 팬케이크를 대접하는 동안, 다른 팀 멤버들은 비자 발급 같은 기본적인 대사관 업무를 볼 수 있는 '박스 안의 대사관'을 설치했다. 본질적으로 그것은 약간의 흥미로운 미국적 풍물과 대화 소재가 있는 팝업 영사관이었다. 우리는 친구들을 사귀었고 계속 서로 연락했다. 우리는 린셰핑과 벡셰 같은 도시들을 방문했다. 거대한 미국산 트럭, 에어스트림 트레일러, 레드 카펫, 개방된 문으로는 준비가 치밀하다는 인상을 주지 못했다. 하지만 바로 그것이 주된 아이디어였다. 우리는 더 많은 대화를 나누기 위해 우리 자신을 열어 보였던 것이다.

나는 유럽의 동맹국들, 병력 수준, 무역 거래, 테러리즘 등과 관련된 '크고' 중요한 일들을 충실하게 수행했다. 하지만 로드쇼나 다른 프로젝트 같은, 새로운 '작은' 일들도 똑같이 중요하게 보고 싶었다. 우리는 특별한 관계를 형성하고, 새로운 패턴과 어조를 설정하고 있었다.

모든 것이 막 흐름을 타기 시작하며 대사관 전체가 점차 참여하게 된 것처럼 느꼈을 때, 오바마 대통령이 내게 전화했다. 그는 나에게 조기에 귀국하여 자신의 재선 캠페인에서 재무 위원장을 맡아달라고 요청했다. 그는 이번 캠페인이 전과 다를 것임을 알았으며, 내게 '예스'라고 응답할 필요는 없다고 말했다. 고마운 말이었고 그는 진심이었다. 하지만 나는 예스라 답해야만 할 것 같았다. 귀를 기울이라는 미션을 주고 나를 보낸 사람이 지금 내게 다른 일에 합류하라고 요청하고 있었다. 내가 스웨덴에 머무른다면 외적으로는 아무것도 달라지지 않으며, 사실상 아무도 그 제안을 알 필요가 없을 것이다. 나로서는 내적으로 중요한 변화를 겪게 되겠지만 말이다. 린 트위스트가 말했듯이, 외교관이라는 역할은 즉시 내 개인의 목적보다 더 차원 높은 목적과의 연결고리를 잃어버릴 것이고, 그저 내가 좋아하는 하는 일자리가 될 뿐이었다. 우리는 짐을 쌌다.

거꾸로 일하기

2008년의 오바마 캠페인이 서핑해야 할 파도였다면, 2012년의 재선 캠페인은 그 파도를 거스르며 헤엄쳐나가는 일처럼 느껴졌다. 어려운 전투였다. 2008년이 곱셈이라는 바람직한 산수였다면, 2012년은 우리 편에 일부를 더하고 상대 편에서는 일부를 빼내는 조잡한 산수였다. 요약하자면 별자리 사고방식이 피라미드 사고방식에 완전히 가려져버린 상태였다.

이번에는 우리에게도 자원봉사자와 지지자들의 방대한 데이터베이스가 있었다. 그들 중 한 부분집합이 모습을 드러내고, 그들이 과거에 불러일으킨 흥분의 일부를 다시 나누어주고, 또 가져오기만 해도 이길 수 있었다. 우리는 플레이크 비율을 받아들여야 할 터였다. 버피와 제러미, 그리고 눈송이 모델을 창조한 모든 사람으로 유명해진 현장팀은 이제 이기는 데 필요한 최소한의 대통령 선거인단 투표수를 상기하기 위해 명칭을 '팀 270'으로 바꿨다. 그 이상은 얻을 필요가 없었다. 모든 사람에게 접근할 필요가 없었다. 우리는 그저 이기기 위한 그 숫자에서 거꾸로 계산해가며 일하기만 하면 됐다. 캠페인 본부에 들어가는 모든 사람을 맞이하는 것은 4년 전 아이오와에서 유명해진 간판의 거대해진 버전이었고, 거기에는 강력한 한 가지가 추가돼 있었다. '존중하라, 권한을 부여하라, 참여시키라, 이기라.'

2007년 오바마 캠페인 초반에는 한 사람과 한 가지 메시지가 있었지만, 그 외 다른 것은 별로 없었다. 도움을 얻을 수 있는 곳이라면 어디든지 가야했고, 도움을 주려는 사람이 있다면 누구에게든지 도움을 요청해야 했다. 그 때문에 우리는 증식하는 데 능통하도록 만들었던 듣기, 포용, 겸손과 같은 특성들을 연습해야만 했다. 그 캠페인은 '우리'의 캠페인이었다. 언제나 '우리'였으며, 강요된 '우리'가 아니었다.

재선 기간 동안 가장 많이 공유된 소셜미디어의 밈은 선글라스를 낀 오바마 대통령이 "다들 좀 진정해. 내가 처리할 테니까Chill the f*** out, I got this"라는 문구와 함께 나온 사진이었다. 재미있지만 강력하기도 했다. 우리는 2008년에는 지지자들을 '열광하게' 만들었고, 2012년에는 그들에게 '진정하라'고 말했다. 2008년에는 '우리는 할 수 있다'였고, 2012년에는 '내가 처리할 테니까'였다.

기빙 파워

분명 지나친 단순화겠지만, 그래도 여기에는 패턴과 어조의 차이에 관한 약간의 진실이 담겨 있다. 선거캠프는 10억 달러를 모금하는 데 앞장섰고, 나는 오바마가 재선에서 확실하게 이겼다는 사실에 2008년처럼 마냥 행복하기보다는 엄청난 안도감을 느꼈다.

그는 내게 다시 대사직을 맡으라고 요청했다. 이번에는 주영 대사직이었다. 주영 대사직은 수월하고 좋은 자리로 여겨졌고, 실제로 그랬다. 하지만 내가 흥분했던 가장 큰 이유는 별자리를 만들고 패턴을 더 바람직하게 개선하는 일을 스웨덴에서 내가 중단했던 지점부터 다시 시작할 수 있었기 때문이다.

게다가 그때가 영국에서 지내기에 가장 수월한 시기는 아니었다는 점도 만족스러웠다. 내가 도착하자 한 영국 친구는 내 전임자가 황실의 결혼식, 여왕의 즉위 60주년 경축 행사, 런던 올림픽 기간 동안 근무했다고 놀리기도 했다. 반면 나는 스코틀랜드가 영국을 떠날지 결정하는 투표와 영국이 EU를 떠날 것인지 정하는 국민투표를, 그리고 고국에서는 오바마의 마지막 '레임덕' 기간에 대통령 선거가 이뤄지는 시기를 맞이할 터였다.

여왕과 코미디언

공식적인 대사직의 시작은 여왕에게 대사 신임장을 제정提呈하는 것으로 시작됐다. 브룩과 나는 전체 행사에 대한 브리핑을 철저하게 받았다. 모자는 어디에 둬야 하고, 절은 언제 하고, 언제 무엇을 하라고 누가 신호를 줄 것인지 등에 관해서 말이다. 일단 궁안으로 들어가자 모든 일이 우리가 들은 대로 정확하게 진행됐다. 브룩과 나는 우리의 '청중'을 만났다. 여왕은 인터넷과 기술 분야에 관한 내 이력 사항을 보고받았고, 거기에 관해 내게 질문했다. 나는 기술이 얼마나 빨리 변하는지, 그리고 궁 바깥에 있는 거의 모든 관광객이 최신 기기를 적어도 한 개 혹은 때때로 두 개 이상 가지고 다닌다는 등의 진부하고 뻔한 사실 몇 가지를 이야기했다.

"맞아요. 그리고 말이죠. 저는 그립답니다." 여왕이 말했다. "물론 카메라는 언제나 있었죠. … 하지만 사람들은 사진을 찍은 다음에는 카메라를 목 주변으로 내린 다음 손을 흔들어 인사를 건네거나 혹은 받아주곤 했어요. 이제는 그 네모난 것들이 사람들의 얼굴을 가리고…." 그는 자신의 눈앞에서 하얀 장갑을 낀 손을 들어 스마트폰을 흉내내고는 말을 이었다. "그리고 사람들은 그걸 절대로 내려놓지 않아요. 나는 그이들의 눈을 보던 때가 그립답니다."

나는 며칠 후 믿을 만한 친구에게 내게는 그 발언이 정말 충격적이었다고 말했다(불행히도 내 목소리를 들을 수 있는 거리에 한 언론계 인사가 있었고, 왕실 사람들과 나눈 사적인 대화는 결코 언론에 이야기해서는 안 된다는 불문율이 있었다. 내 실수에 언론이 신나한 만큼 영국 왕실은 내 사과에 품위를 보여줬다). 그 결례와는 별개로, 여왕이 한 말은 그 순간 내게 충격을 줬고, 그 후에도 잊히지 않았다. "나는 그이들의 눈을 보던 때가 그립답니다." 이것은 현실적인 지적이었고, 내게는 결코 떠오르지 않았던 생각이었다. 우리는 관광객이 사진을 찍고 여왕은 사진을 찍히는 일을 일방적인 것이라 생각한다. 하지만 그렇지 않다. 아니, 그렇지 않았다. 적어도 여왕에게 그것은 연결이었다. 그리고 그는 그 연결을 그리워했다.

여왕의 말을 곰곰이 생각해보니, 그 말은 우리 시대에 대한 탄식처럼 느껴졌다. 이토록 연결하기 쉽지만 한편으론 이토록 단절된 것처럼 느끼는 우리 자신을 표현하는 완벽한 말이었다. 비록 되는 대로 즉흥적으로 배우는 중이었지만, 그 표현은 이런 다른 스타일의 리더십을 밀어붙이려던 내 노력을 부채질했다. 불과 몇 주 후, 나는 매우 다른 환경에서 이 아이디어의 또 다른 표현 방식과 우연히 마주쳤다. 한 디너파티에서 나는 영국의 스탠드업 코미디언 지미 카Jimmy Carr의 옆자리에 앉게 됐다. 처음 30분은 정신없이 웃고 울기를 반복했고, 마침내 숨을 고른 나는 코미디언을 한 번도 만난 적이 없었기에 항상 물어보고 싶던 질문을 던졌다. "새로운 스탠드업 루틴에서 완전히 새로운 농담 10가지를 시도한다면, 처음에는 몇 개 정도가 사람들을 웃게 만드나요?"

"요즘 말인가요? 아니면 내가 이 일을 시작했을 때 말인가요? 왜냐하면 20년간 현장에 있으면서 지금은 상당히 잘하게 됐거든요." 그가 내게 말했다. "지금이요? 10개 중에 3개나 성공할 만큼 타율이 높다고 말할 수 있겠네요."

그의 답변 덕분에 나는 내 자신의 성공과 실패에 훨씬 편한 마음을 갖게 됐고, 오른편에 앉은 사람에게 말을 걸기 위해 예의 바르게 몸을 돌리려고 했다. 하지만 지미는 말을 끝낸 것이 아니었다. 그가 다음에 한 말은 내게 정말 충격을 주었다. "이봐요, 매슈, 농담은 재밌는 겁니다. 내 말은, 농담이란 놈이 이상하다는 거예요." 그가 말했다. "생각해보세요. 만약 당신이 노래를 불렀는데 아무도 좋아하지 않아요. 그래도 그건 여전히 노래죠. 당신이 극본을 썼는데 모든 사람이 극장을 나가버려요. 그래도 그건 여전히 연극이죠. 하지만 당신이 농담을 했는데 아무도 웃지 않는다면, 그건 그저 문장일 뿐이니까요."

내게 그 말은 심오한 의미가 있었다. 농담은 그저 말을 전달하는 것이 아니다. 그것은 연결이다. 완벽한 순환이다. 코미디언은 자기 역할을 수행하고, 관객들도 자기 역할을 수행한다. 그리고 그들은 함께 새로운 뭔가를 창조한다. 그것은 더이상 그저 당신이나 내가 아니다. 그것은 우리다. 관계를 맺은 것이다. 그렇지 않다면 농담은 그저 하나의 문장에 지나지 않는다. 여왕이 바로 이것을 경험했다.

지금은 별자리 리더십이라고 부르는 사고방식의 불완전한 실무자로서, 나는 이런 통찰 덕분에 내가 배우는 내용과 하고자 하는 일, 즉 지미 카의 테스트를 통과한 크고 작은 공간을 창조하는 일을 더 잘 이해하게 됐다는 걸 알게 됐다. 에너지가 넘치는 연결이 충전되면서 블룸 루프를 구성하고 상호의존하기에 적절한 패턴을 설정하면서 특별한 관계가 만들어지는 것이다.

우리가 스스로에게 이렇게 했다

대사관에 정착하자마자 나는 현 상황에 대한 직원들의 생각만이 아니라 '느낌'의 기준선을 잡고 싶었다. 나는 선임 직원 10명으로 구성된 팀과 비공식적으로 연습했다. 외교 세계의 서비스 분야에서 수십 년간 성공적으로 근무한 전문가들로 구성된 런던팀은 미국의 슈퍼스타 그룹 중 하나로 알려져 있다. 나는 그들에게 이번 연습은 좀 다를 거라고 경고했다.

나는 그들에게 미국 국무부 내 외교부에서 일하면서 겪은 절망적인 하루에 관한 느낌을 그림으로 그려달라고 요청했다(내 아내는 예술치료 분야에서 석사 학위를 보유했다. 그리고 나는 그런 단어를 사용하지 않았지만, 이 작업은 사실상 예술치료였다). 그들은 아니나 다를까 "저는 그림을 잘 못 그려서요" 등의 말을 하면서 처음에는 망설였지만, 선선히 그림을 그렸다. 나는 그들에게 자기 자신을 작대기로 그려도 좋고, 도형이나 화살표를 사용해도 좋고, 도움이 된다면 어떤 것도 가능하다고 말했다.

그들의 그림은 많은 측면에서 달랐다. 예를 들어 어떤 사람은 자신을 커다란 막대기 형태로 그렸고, 다른 사람은 조그만 막대기로 그렸으며, 어떤 사람은 단순히 원을 그린 다음 그 안에 '나'라고 적었다. 총 10명이 그림을 그렸지만 한 가지 측면은 같았다. 믿거나 말거나 모든 사람이 그 페이지의 어딘가에 커다란 삼각형을 그렸고, 어떤 형태이건 자기 자신은 가장 바닥에 있는 모습으로 그린 것이다. 어떤 이는 삼각형 꼭대기에 'DC'라는 이름을 붙였고, 다른 이는 꼭대기에 '메인 스테이트'라고 썼다. 그다음에는 화살표가 등장했다. 어떤 사람은 화살표가 위에서 비 오듯 쏟아지는 모습을 그렸다. 다른 사람은 다양한 크기의 바위 같은 물체가 폭포수처럼 쏟아져 내리는 가운데, 화살표를 이용해 그 삼각형 위로 올라가려는 자신의 시도를 암시하기도 했다.

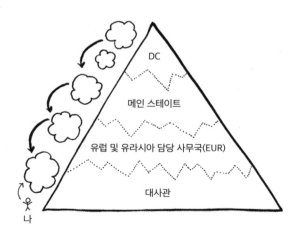

기빙 파워

다음으로 나는 대사관 내의 모든 사람을 이와 비슷한 워크숍에 참석시킨다는 계획을 수립했다. 이번에는 한 번에 50명씩이었다. 이 아이디어는 큰 인기가 없었지만, 나는 조직도상 부서가 서로 다른 사람들에게 함께 앉아 직장 생활에서의 누가, 왜, 무엇을, 어떻게에 관해 생각해보라며 공간을 제공하고 격려할 때 일어나는 일을 사랑했다. 당시에는 아직 메리 파커 폴릿에 대해서는 배운 적이 없었지만, 함께 일을 해나가려는 정신과 통합을 독려하는 것이 내 목표였다.

각 세션이 시작될 때 나는 각자에게 인덱스카드 하나씩을 주고 업무에서 자신을 가장 좌절시키는 것을 한 단어로 적으라고 요청했다. 그리고 카드 반대편에는 그들에게 영감을 제공하고, 대사관 근무에서 기쁨을 주는 일을 가장 잘 포착한 단어 하나를 적게 했다. 우리는 카드를 모아서 단어 클라우드를 만들었다. 제한을 두지 않은 질문이었음에도, 총 12차례 열린 워크숍에서 나온 답은 동일했다.

이제까지 좌절감과 관련해 가장 많이 쓰인 단어는 '관료주의'였다. 영감을 주는 단어로 가장 공통되게 나온 것은 '커뮤니티'였다.

나는 이 결과를 미션의 부책임자였던 리즈와 공유했다. 그는 현명하게 마음을 안심시키는 특유의 방식으로 고개를 끄덕였다. "아, 지금 무슨 일이 일어나는지 이해가 되시나요?"

나는 사실은 이해 못했지만 그래도 알려달라는 의미로 고개를 끄덕였다.

"이건 같은 겁니다."

"뭐가 같다는 거죠?" 여전히 이해하지 못한 채 나는 물었다.

"이건 우리들입니다. 우리가 관료주의이면서 커뮤니티죠. 우리가 스스로에게 이렇게 한 겁니다."

참여하고, 사람들을 환대하고, 외교적이 되려는 커뮤니티의 본능이 억압되고 내부로 향하면, 그것은 자기 영역을 방어하려는 불안한 욕구가 된다. 그 결과는 선임 팀들이 그린, 바위를 패대기치는 관료주의적 피라미드가 된다. 돈에 관한 린 트위스트의 규칙과도 유사했다. 커뮤니티가 포용적이고 역동적일 때 그 커뮤니티는 치유된다. 배타적이고 고여 있을 때 커뮤니티는 스스로를 '죽인다'. 파워포인트로 사람을 죽이는 경우를 생각해보라.

그들은 이 세션에서 카타르시스를 느꼈던 것으로 밝혀졌다. 내가 그들에게 바랐던 느슨해지는 효과도 있었다. 하지만 피라미드 사고방식은 끊임없이 다시 효력을 발휘하곤 했다. 공식적인 회의들은 명목상으로만 외교적이었다. 가장 중요한 인물들이 가운데 앉았고, 직원들은 그들의 좌우에 선임자부터 순서대로 앉았다. 회의실 탁자는 삼각형이 아니었지만 위계적 피라미드가 테이블로 바뀐 것처럼 느껴졌다. 가장 직위가 높은 사람인 '대표'는 그들의 팀과 그들이 해온 업무 리스트를 가지고 토론을 이끌었다.

누가 그리고 몇 명이나 이런 회의에 참석하는지가 국무부 내에

기빙 파워

서는 엄청난 관심과 불안의 대상이었다. 실랑이는 몇 주간 이어졌다. '대표Principal 더하기 3명(P+3)'인가 혹은 '대표 더하기 5명(P+5)'인가? 예를 들어 일단 P+3으로 확정되면, 그 3명의 직원이 누가 될 것인가를 두고 다툼이 시작됐다.

그것은 익숙하고 고약한 산술식이었다. (P+3)+(P+3)은 때로는 8보다 작았고, 심지어 2보다 작은 적도 있었다. 두 대표가 나누는 대화는 정상적인 대화와는 전혀 비슷하지 않았다. 그들은 상대방에게만큼이나 자기편에서도 감시를 받으면서 행간을 읽었을 것이다. 나는 항상 노트를 가져갔지만 다른 누군가가 불가피하게 회의록을 적는 사람으로 지정됐는데, 그것은 대개 가장 직급이 낮은 직원이었다. 목소리 어조와 보디랭귀지는 모두 잘못돼 있었다. 각 국가는 마치 투항을 협상하는 적수들처럼 상대국의 맞은편에 앉았고, 자기편과도 눈을 맞추는 일 없이 오로지 자신의 '상대방opposite number'에게 시선이 고정됐다.

런던 대사관에는 특히 대사를 위한 장소로 프로토콜 사무소Protocol Office가 있었다. 대사관의 연락처 목록을 관리하고, 대사 가족이 사는 대사관저인 윈필드 하우스에서 열리는 행사에서 손님을 맞이하는 곳이었다. 수십 년 동안 정착된 프로토콜 사무소의 행동 패턴은 나와 우리 가족이 외부에 보일 때 누구와 함께여야 하고 누구를 피해야 하는지 가려내는 '문지기' 역할과 같았다. 그 리스트를 배타적인 소수의 사람들로 유지하는 것은 위아래외 안팎을 가리는 피라미드의 본능이었다. 프로토콜 사무소의 직원들은 사랑스러운 사람들이었지만, 수년 동안 그들은 사람을 걸러내라는 독려를 받았다.

언젠가 누군가가 그 직원들에게 걸러내기가 그들이 할 일이라고 말했을 것이다. 나는 그것이 배타적인 분위기에서 그 안에 들어오도록 허용된 사람은 자신이 특별하다고 느낀다는 아이디어에서 비롯됐다고 본다. 하지만 실제로는 결국 모든 사람이 자신을 사기꾼처럼 느끼게 된다. 그뿐만이 아니다. 우리가 얼간이인 것처럼 느껴지면, 정말 얼간이처럼 행동하게 될 가능성이 더 높아진다. 이는 특별한 관계인 듯이 홍보하는 특별한 거래이며, 따라서 훨씬 더 공허하다. 대면 상황이건 가상 상황이건, 그룹이 행복하게 운영되는 마법은 모든 사람이 자기가 영향력이 있으면서도 동시에 취약하다고 느끼는 데 있다. 우리는 그 반대의 행동을 너무나 자주 하고 있으며, 이런 상황은 그저 해롭게만 보일 뿐이다.

그래서 우리는 프로토콜 사무소를 '네트워크 참여 사무소Office of Network Engagement'라는 이름의 새로운 사무소로 변경했다. 명칭의 두문자들이 하나ONE라는 단어를 구성하도록 계획한 것이다. 대사관 내부의, 더 폭넓게는 국무부 내부의 문화에서, 우리는 프로세스나 정책과 관련해서는 즐거움을 많이 느껴왔지만 '사람'에 관해서는 상응하는 즐거움을 느끼지 못했던 것 같다. 외교관으로서 우리는 우리의 특별한 이점이 항공모함이 아니라 사람이라는 것을 안다. 모두가 말은 그렇게 한다. 하지만 누구도 그렇게 행동하지는 않았다. 인간적인 관여는 다른 누군가가 해야 할 일이라고 생각하는 사람이 너무나 많았다. 따라서 ONE가 시행한 첫 조치는, 비록 우리 건물 내부에 장관급 부처 9곳을 대표하는 47개의 서로 다른 정부의 지사가 있지만, 우리는 공통된 미션을 가진 '하나의' 대사관이라는 사실을 강조하는 것이었다.

또한 우리가 건물 바깥에서 관계하는 사람들 역시 우리들처럼 '하나'라는 점을 강조하고 싶었다. 단지 명함에 적힌 직위에서 벗어나 통합적인 온전한 인간으로서 하나였다. 그들은 과거에 직업을 가졌고, 파트너와 학교 인맥이 있었고, 개인적 열정과 취미가 있었으며, 비영리기관의 이사회에 참여하기도 했고, 그들이 아끼는 국가 출신의 디아스포라diaspora 커뮤니티 구성원이었다. 이 모든 것이 온전한 이야기를 구성하는 소재라는 사실을 알지만, 우리는 종종 이들을 고려 사항에서 제외한다. 우리가 장벽 너머에 있는 에너지와 지혜를 최대한으로 활용하려면 우리는 이 모두를 고려 사항에 '포함'해야 했다. 동사, 형용사, 명사로 과도하게 사용되면서 '네트워크'라는 단어가 너무나 진부해졌기 때문에("너의 네트워크를 구축하기 위해 네트워킹 행사에서 네트워킹을 하라") 나는 ONE를 '오로지 모든 사람이 필요하다Only Need Everybody'라는 문구의 두문자어라고 생각하기 시작했다.

2만 개의 인덱스카드

대사관들은 적절한 일자리를 아직 얻지 못했거나 더이상 확실한 업무상의 직위가 없다는 이유로 주재국에 사는 수많은 사람을 무시하는 경향이 있다. 요컨대 30세 미만인 사람들과 65세 이상인 사람들을 무시한다. 우리는 영국을 하나의 국가로 보길 원한 만큼 네트워크를 확대하면서 영국을 구성하는 여러 목소리를 고려하고 싶었다.

영국 파견 초기에 여왕을 그 네트워크에 참여할 최초의 관객으로 생각하고 행사를 준비할 때쯤, 퓨리서치센터가 전 세계 젊은이들에게 실시한 설문조사 결과를 발표했다. 40개국을 대상으로 한 이 설문조사에 따르면, 오바마 대통령이 두 번째 임기를 시작하면서 미국을 향한 태도는 전반적으로 개선됐다. 하지만 한 가지 데이터가 우리를 당황하게 만들었다. 설문조사를 실시한 전체 40개국 중에 젊은이들이 그들의 부모보다 미국을 더 낮게 평가한 국가는 오직 한 곳, 영국뿐이었다. '특별한 관계'가 여러 세대가 지나면서 그 특별한 관계들을 잃어버리는 것처럼 보였다. 에너지가 점차 사그라들고 있었다.

그때까지 나는 적절한 패턴과 어조를 설정하는 일의 중요성에 민감했고, 피라미드와 같거나 단절된 어떤 일을 시도하는 것을 몹시 싫어했다. 우리 팀과의 초기 회의에서 나온 제안들은 대부분 그런 느낌을 강하게 풍겼다. 대학교에서 미국의 외교정책에 관한 강연을 시리즈로 개최할 수 있다거나, 혹은 '우리 정책을 추진하기' 위한 '유료 소셜미디어 홍보'를 할 '예산을 따오기 위해 싸울' 수 있다는 식이었다. 내게는 이 모두가 에너지의 낭비처럼 느껴졌다. 나라면 그런 일의 대상이 되고 싶지 않을 것 같았다. 강연을 듣거나 정책이 밀어붙여지는 상황에 빠지고 싶지 않았다. 어떤 유형의 거대한 캠페인으로 이 문제를 '해결'한다는 생각은 시간과 돈, 노력을 무책임하게 사용하는 일이라 느껴졌다.

2008년 캠페인의 씨앗 패턴은 스톡홀름까지 나와 함께했고, 내 스타일과, 외교에서 맡은 나의 새로운 역할과 함께 진화했다. 나는 우리가 진정한 변화를 만들어내고 싶다면, 이른바 옥수수밭, 이 경우에는 학교에서 시작해야 한다고 믿었다. 우리 직원들은 학생 전체를 대상으로 대사가 강연하는 행사를 마련하는 데 익숙했지만, 나는 더 많이 교류할 수 있는 더 작은 그룹에 관심이 있었다. 우리는 런던의 화려하지도 침체되지도 않은 지역에 있는 식스폼칼리지*(기본적으로 고등학교 고학년들 대상)를 행사 장소로 결정했다.

내가 도착했을 때 학생들은 이미 모여 있었다. 나는 그들에게

---

* sixth form college. 영국의 중등교육 과정으로 2년간 대학 입시를 준비한다.

질문하기 전에 나 자신을 간략하게 소개했다. 내가 그들의 이야기를 들으러 왔다는 사실을 학생들이 알길 바랐다. 그들의 대답은 공손했다. 그리고 간략했다. 그들은 양복을 입고 넥타이를 맨 사람들이 그래야 하듯이 내가 장광설을 늘어놓기를 기다리고 있었다. 어색한 상황이었다.

다행히도 나는 아내의 도움으로 대사관 팀과의 세션에서 이용했던 트릭을 그 대화에서 나중에 쓰려고 준비해두었다. 여기서 나중을 기다리지 않는 편이 낫겠다고 판단했다. 나는 인덱스카드와 미국 국무부 연필을 나눠주고, 학생들에게 카드 양면에 그림을 그리거나 단어를 써달라고 요청했다. 앞면에는 미국과 관련해 그들에게 좌절을 안기거나, 혼란스럽거나, 걱정하게 만드는 것을 쓰거나 그리도록 했다. 반대편에는 미국이 그들에게 영감이나 희망을 주는 것을 쓰거나 그리도록 했다.

이 작업은 안도감을 제공했다. 그들은 '절망을 주는 것'을 채워넣을 수 있는 기회를 즐겼고, 곧바로 거기에 몰두했다. '영감을 주는 것'에서도 큰 어려움을 느끼지는 않는 듯 보였다. 그런 다음 나는 그들에게 손을 들고 자신이 적거나 그린 내용을 공유하도록 했다. 발표가 진행되는 동안 나는 그들의 대답을 되풀이해서 말했고, 대사관에서 함께 온 동료가 그 내용을 우리가 가져온 거대한 플립차트에 적었다.

학생들을 가장 크게 좌절시킨 이슈는 한 가지였다. 시리아나 이라크 혹은 감시 문제가 아니었으며, 뉴스에 등장한 정책 화제, 혹은 내가 상원 인준을 준비하며 '심사위원회'*에서 답했던 외교정책의 주제도 아니었다. 학생들의 답은 총이었다. 좌절과 혼란, 우려의 리스트에서 두 번째와 세 번째로 오른 것은 인종주의와 경찰의 잔혹 행위였다.

나는 그들에게 켄터키주와 그곳의 사냥 문화를 이야기하기 시작했다. 그들은 그 이야기가 상당히 터무니없다고 생각했다. 나는 나 역시 사냥용으로 산탄총을 보유한 터무니없는 사람들 중 하나라고 설명하면서 우리가 입는 옷도 터무니없긴 마찬가지라고 이야기했다. 학생들은 크게 웃었고 나름대로 나를 평가했다. 그들은 성문법이 없는 나라의 청년들치고는 미국의 성문법도 상당히 많이 알고 있었다. 우리는 수정헌법 제2조(무기를 휴대할 권리)와 전미총기협회NRA에 관해 이야기했다. 그들은 끝날 때까지 특정한 단어에 대한 내 미국식 발음을 놀렸고, 그들 자신의 발음도 웃음거리로 제공했다. 전반적인 상황을 볼 때 그들이 나를 받아들였다고 느꼈다. 마치 구내식당에서 그들의 테이블에 나를 앉게 해준 것처럼 말이다.

행사가 끝나고 사무실로 향하면서, 나는 우리가 뭔가를 이루어

•   murder boards. 까다로운 청문회나 기자회견을 대비하는 사람을 도와주기 위해, 까다로운 질문을 던지며 모의로 심사하는 회의를 일컫는 속어.

낼 것 같은 매우 강렬한 감정을 느꼈다. 우리는 또 다른 행사를 하고 또 했다. 대사관에서는 내가 TV에 나가거나 더 영향력 있으며 규모가 큰 군중을 대상으로 연설할 기회를 다른 데로 돌리거나 시간을 낭비하는 것이 아닌가 우려했다. 네 번째 학교를 방문한 후, 나와 동행하던 젊은 외교부 사무관이 내게 말했다. "대사님, 우리 이젠 다 마친 건가요?" 그는 내 혼란스러워하는 표정을 봤을 것이다. "그들은 다 똑같습니다." 그가 덧붙였다. 나는 이런 세션들이 포커스 그룹 인터뷰나 신문에 날 만한 좋은 여론을 만들기 위한 것이 아님을 설명하려고 애썼다. 이 일은 외교 업무였다. 한 번에 한 사람씩, 신뢰와 존중, 이해를 구축하는 듣기 패턴과 어조를 조직하는 것이었다. 우리는 속도를 내서 한 주에 두 곳씩 방문했고, 영국 어떤 지역을 여행하건 반드시 시간을 내서 식스폼칼리지 한 곳을 방문하기로 결정했다.

학생들이 클리커clicker를 이용해 질문에 답할 수 있는 시스템도 개발했다(예를 들어 "미국에 방문한 적이 있나요? 있다면 한 번 클릭하고, 아니라면 두 번 클릭하세요. 있지만 플로리다만 방문했다면 세 번 클릭하세요"라는 식이었다). 우리는 실시간으로 취합되는 결과를 스크린에서 지켜봤다. 이 방식은 더 조용한 학생들을 참여시키는 데 도움이 됐다. 각 워크숍에서 내가 가장 좋아했던 부분은 아주 짧은 순간이었다. 오바마 대통령이 오벌 오피스에서 내게 해준, 귀를 기울이라는 조언에 관해 이야기를 한 다음, 나는 한 학생을 쳐다보면서 이렇게 말하곤 했다. "저는 여러분의 말에 귀를 기울이기 위해 이곳에 있습니다. 왜냐하면, 부담을 주려는 것은 아니지만, 당신이 영국의 미래 리더이자 의사 결정권자이기 때문입니다." 98퍼센트의 학교에서 학생들은 "누구, 나?"라고 말하듯 뒤와 주변을 돌아보곤 했다. 그러고는 자신을 쳐다보는 반 친구들을 보고 허리를 좀 더 곧추세워 앉은 다음, "그래, 맞아, 나일지도 모르지"라고 눈빛으로 말하곤 했다.

이튼 칼리지나 해로 스쿨 같은 '엘리트' 학교들 중 한 곳에 갔을 때도 나는 똑같이 말하면서 젊은이 한 명을 쳐다보곤 했다. 하지만 그들은 뒤나 옆을 돌아보지도, "누구, 나?"라고 말하는 듯한 어떤 신호도 보이지 않았다. 그들은 마치 "잘 찾아내셨네요, 대사님"이라고 말하는 듯 그저 내 눈을 정면으로 쳐다봤다.

흥미로운 일이었다. 그런 명문 학교에서도 학생들의 그림과 단어, 답변은 여느 학교들과 대개는 같았다. 유일하고 진정한 차이는 "잘 찾아내셨네요" 순간이었고, 나는 더 젊었을 때 나 자신에게도 그런 태도가 있었음을 깨달았다. 그것은 특권의 언어이자 보디랭귀지였으며, 치명적인 태도였다. 다른 사람들은 몰아내고 자신은 남겨두는 것이다. 그것은 퍼져나가는 파워가 없는 패턴과 어조다. 오히려 그와는 반대다. 넥타이를 매지 않는 사람에게 넥타이를 선물하는 일과 같다. 이런 태도는 내부와 외부 양쪽에서 모두 에너지를 죽인다.

우리가 이런 방문을 한다는 소문이 돌았고, 지역 기자들이 보도하기 시작했다. 영국의 선출직 공무원들은 내가 어떤 이야기를 듣는지 물어보려고 전화를 해왔다. 자기 자녀의 학교에 내가 방문했었고, 그 방문이 자신의 가족에게 의미가 있었다고 말하는 부모들과도 마주쳤다. 100번째 학교를 방문했을 때 《뉴욕 타임스》는 우리가 각각의 방문 후에 업데이트 하는, 모든 좌절과 혼란, 우려를 보여주는 단어 클라우드의 사본이 포함된 기사를 실었다.[110]

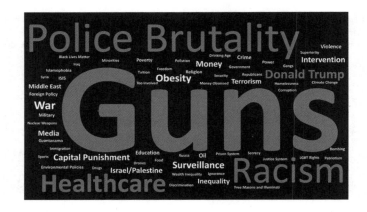

나는 행정부와 다른 대사들에게서 우리가 하는 일을 어떻게 똑같이 할 수 있는지 전화로 질문을 받았다. 심지어 영국 교육부 장관은 노골적으로 우리의 학교 방문을 본떠 '귀 기울여 듣기' 프로그램을 만들고는 자신이 이를 중심으로 교육을 개혁하고자 한다고 공개적으로 선언했다.

내 패턴과 어조

이처럼 관심이 쏟아지고 탄력이 붙자 국무부는 한 대사관 관료에게 우리가 하는 일을 '코드화'하라는 임무를 맡겼다. 이 재능 있는 젊은 관료는 20개의 탭을 붙인 10센티미터 두께의 바인더를 만들었다. 나는 그 노력을 짐작해보기 위해 회의에 몇 번 참석했다. 그 바인더는 사실적이고, 정확했으며, 라벨 표시가 잘 되어 누구나 구성 요소를 파악하기 쉬웠다. 마치 과학 시간에 해부된 개구리처럼 말이다. 나는 그런 훈련에서 멀찌감치 비켜서 있었다. 나에게는 그것이 무엇이건 매우 좋은 의미를 담아 매우 효과적으로, 이 패턴과 어조가 조성한 마법을 죽이는 방법처럼 느껴졌다.

하지만 그 작업은 내가 별자리 사고방식의 접근 방식을 반영할 대안을 제공하도록 만들었다. 피라미드 스타일의 이런 노력과 마주치면 절망에 빠져 그저 거기서 나오고 싶다는 충동을 느낀다. 하지만 피라미드 사고방식은 그런 유형의 위계질서를 질서 그 자체로 가정하기 때문에, 별자리 사고방식 리더들이 조직화하고 코드화하려는 노력을 피하는 것은 치명적인 실수다. 우리가 여태까지 만난 모든 별자리 사고방식의 예언가와 실행가는 그 별자리가 하나의 패턴과 어조를 중심으로 방향을 잡도록 하면서 이를 조직화하는 데 깊은 관심을 가졌다.

나는 그때가 최선을 다해 나의 패턴과 어조를 명확하게 설명해야 할 때라고 판단했고, 거기에 'a.l.s.o.'라는 이름을 붙였다. 핵심은, 우리가 특별한 관계를 형성하기 위해 다음과 같은 일을 할 수 있다는 것이다. 다른 사람들에게 그들의 희망과 공포가 무엇인지 물어보고ask, 그것을 우리 자신의 희망과 공포와 연결하고link, 우리 사이에 관계를 맺고serve, 우리 자신을 열어 보인다open up.

a.l.s.o.는 언제나 더 많은 것을 위한 공간이 있다는 뜻을 내포한다. 즉 당신의 기여, 그의 기여, 오늘과 내일, 우리의 감정과 희망과 우려를 위한 공간이 있다는 것이다. 이는 고립된 피라미드 사고 시스템을 깨고 나와 에너지 창출을 촉진하고, 에너지 파괴를 주시하려는 시도였다.

a.l.s.o.는 제임스 카 테스트를 통과했다. 학생들과 단순한 문장 대신 양질의 '농담'을 나누는 분위기를 조성하는 데 도움이 됐다. a.l.s.o.는 예상하지 못했던 방향으로 성장하기 위한 대화를 허용한다는 점에서 제인 제이콥스 테스트도 통과했다. 그리고 내가 교실에서는 물론 접견실과 국회, 심지어 집에서도 적절한 위치에 있도록 해줬다. 그 점은 지금도 마찬가지다. 임기가 끝날 때까지 나는 학교 200곳을 방문했고, 영국 학생 2만 명의 이야기에 귀를 기울였으며 그들에게서 배웠다. 우리 팀 구성원들은 자기들끼리 100개의 학교를 방문했고, 같은 목표를 이루기 위해 그들만의 패턴과 어조를 적용했다.

학교 방문에서의 성공은 대사관의 지원을 받아 조직된 젊은 전문가 그룹으로 이어졌다. 우리는 런던 외곽의 작은 도시에 (말하자면) 씨앗을 뿌렸고, 몇몇 대학원생에게 관심이 있는지 물어보자 4명이 지원했다. 지원서는 단순했다. 그저 '특별한 관계'를 맺기 위한 희망 한 가지와 공포 한 가지, 그리고 그것이 그들에게 가지는 의미에 관한 이미지 하나를 이용해 짧은 스마트폰 비디오를 만들기만 하면 됐다. 팀에 속한 사람들 중 몇몇은 그 그룹이 반향을 일으킬 수 있을지 회의적이었다. 나는 반향을 일으키기를 원한 것이 아니었다. 나는 그 그룹이 성장하기 바랐다. 그리고 실제로 그 그룹은 성장했다. 내 임기가 끝날 때까지 멤버 수가 2000명을 넘어섰다.

언제나 그렇듯이 유명한 미국인이 런던을 거쳐 갈 경우, 우리가 장소를 찾을 수만 있다면 그들에게 그 그룹과 전화로 혹은 직접 만나서 대화할 의향이 있는지 물어봤다. 우리의 질문을 받은 고위 관리들 중 거절한 사람은 한 명도 없었다. 예스라고 답한 사람들은 그 대화를 동료에게도 제안했다. 누구도 약속을 깨지 않았다. 그들은 젊은이들이 그들에게서 이야기를 듣고 싶어 하는 만큼이나 젊은 리더들의 이야기를 들을 기회를 갖게 돼 즐거워했다.

오바마 대통령은 임기가 거의 끝날 때쯤 공식적으로는 마지막 방문으로 런던에 왔고, 지금은 '영국의 젊은 리더들Young Leaders UK'이라고 불리는 우리 그룹과 타운홀 미팅을 열었다. 영국인들은 '타운홀' 미팅이라는 걸 결코 들어본 적이 없었지만, 대통령과 함께하기를 열망했다. 행사가 시작되자마자, 오바마 대통령도 그들만큼이나 그 행사를 좋아하고 있음이 명확해졌다. 그는 재킷을 벗고, 와이셔츠 소매를 걷어올렸다. 회의가 진행되면서 그는 점점 더 적게 말했고 더 많이 들었다. 회의가 거의 끝나갈 즈음, 웨일스 억양을 가진 한 젊은 여성이 그에게 물었다. "이 세상에 긍정적인 변화를 만들고 싶어 하는 젊은이를 위해 해주실 조언이 있으신가요?"

잠시 생각에 잠겼다. 물론 그는 해주고 싶은 말이 있었다. "기꺼이 다른 사람들이 가진 파워를 보려는 마음을 가지십시오."

바로 그것이었다. 내가 옥수수밭에서 봤던 그 패턴과 어조는 여전히 건재했다. 그리고 증식하고 있었다. 우리의 젊은 리더 그룹은 그 이후에 빠르게 확대됐다. 전성기 시절의 오바마가 다시 돌아온 것이다. a.l.s.o.가 실현되었다. 그들은 희망과 공포에 대해 묻고, 이를 자신의 희망과 공포와 연결하며, 관계를 맺고 자신을 개방했다.

차이 Daylight

영국에서의 임기가 끝나갈 즈음 브룩과 나는 전역한 영국 장성이 런던에서 주최한 저녁 만찬에, 훈장을 받은 저명한 영국 부부들과 함께 귀빈으로 초대받았다. 하객 리스트는 누군가가 귀족이면서 장군이라면 어떤 순서로 직위를 불러야 하는지를 기억하는 내 능력을 시험했다(스미스 장군 각하? 제독 마이클 경? 이런 구분이 의미가 있을까 싶지만). 우리는 화려한 프라이빗 클럽에서 '특별한 관계'를 위해 건배하는 것으로 시작했다. 그런 다음 길 너머 붐비는 이탈리안 레스토랑으로 건너가 뒤편에 있는 기다란 개인 테이블까지 진출했다. 내게는 긴 하루였다. 식스폼 학생들과 에너지 넘치는 워크숍을 진행했을 뿐만 아니라, 다가오는 스코틀랜드 국민투표와 관련해 회의하기 위해 스코틀랜드의 에든버러와 글래스고에서 하루를 보낸 후 비행기를 타고 런던 집으로 돌아온 터였다.

첫 번째 코스가 끝나고, 나는 (과거에 한숨을 쉬며 배웠던 용어인) '개요tour d'horizon'라는 것을 제공해야 했다. 내가 전 세계의 심각한 외교정책 주제들을 조사하고 미국의 관점을 제시해야 한다는 의미였다. 새로운 일은 아니었다. 심지어 나는 그 일을 제대로 해내기 위해 기억술까지 준비한 터였다. 동쪽을 쳐다본 다음, 국경선을 바꾸려고 총구를 들이대는 러시아인들에 관해 이야기한다. 남쪽을 쳐다 본 다음, 시리아에 대해 이야기한다. 서쪽을 본 다음에는 미국과 EU 사이에 제안된 무역과 투자 거래에 관해 이야기한다. 북쪽을 보고는 녹고 있는 북극 빙산에 대해 이야기한다는 식으로 말이다. 당신도 감을 잡았을 것이다. 이는 우리가 매일 하는 브리핑에서 조목조목 검토하고 분석하는 주제들이다. 상원 인준을 받기 전에 국무부 관료들이 나를 괴롭혔던 주제들이었다. 대통령과 국무장관이 함께한 회의에서 들은 답변이었고, 기자들이 나를 못살게 굴던 이슈였다.

하지만 무엇인가 잘못되고 있었다. 브룩은 창문에 등을 기대어 앉은 나를 봤고, 나는 입모양으로 아내가 테이블 건너편에서 하는 말을 이해할 수 있었다. "당신 괜찮아?"

괜찮지 않았다. 현기증이 느껴졌다. 나는 셔츠 맨 위쪽 단추를 살짝 풀었고, 넥타이를 조금 느슨하게 했다. 소용이 없었다. 나는 양해를 구했고, 다른 손님들이 조금씩 움직여준 틈으로 나와 화장실로 향했다. 그곳에는 주 연회룸으로 향하는 작은 계단이 한 줄로 이어져 있었다. 나는 잠시 멈춰서 난간에 손을 올렸다. 그리고 그다음으로…. 근처에서 식사하던 손님들은 내 몸이 쿵 하고 카펫에 떨어지는 소리를 들었다. 잠시 후 깨어났을 때 나는 경호원 중 한 사람인 사이먼의 팔에 머리를 기댄 채 바로 누워 있었다. 나는 천장을 응시하고 있었다. 이후 몇 초 만에 나는 총알을 발사하듯 토하고 기절했다. 혹은 그 반대였는지는 확실치 않다.

사이먼은 미소를 짓고 있었다. 하지만 나를 비웃기 때문은 아니었다. 나 역시 미소를 짓고 있었기 때문이다. 이상하게도 나는 황홀감을 느꼈다. 쿵 소리와 함께 놀라운 성찰이 느껴졌다. 마치 아이오와주의 하늘처럼 선명했다. 나는 내가 왜 기절했는지 알고 있었다. 식중독이 아니었다. 그 후에 나는 병원 검진을 받아야만 했

기빙 파워

고, 의사들이 아무것도 발견할 수 없을 것임을 알았다. 함께한 사람들 때문도 아니었다. 그들은 그 사건 이전이나 이후나 믿을 수 없을 정도로 다정했고 지지를 보여줬다. 나 때문이었다.

내 안의 무언가가 더이상은 이 일을 하지 않겠다고 결정한 것이다. 나는 내가 모든 걸 다 파악했다고 자신과 다른 사람들을 설득하려 하는 그 무거운 목소리, 확신에 찬 듯이 들릴 뿐만 아니라 논쟁에서 이기려는 의도 때문에 적잖이 지배적으로 들리는, '때때로 틀리지만 결코 의심하지 않는' 어조를 취하는 것이 끔찍한 일이라는 사실을 알게 됐다.

개요를 제시하려면 내가 모든 것을 다 아는 척, 피라미드의 꼭대기에서 지휘하는 척을 해야 했다. 나는 가짜로 그런 척하고, 서로 연결하기보다 가식적인 체하는 '강경한' 문화가 너무도 자주 지배하는, 외교정책 지배층의 어조를 채택하는 법을 배웠다. 하지만 가짜 행세는 우리를 피곤하게 하고 좀먹는다. 그리고 나는 가식이 외교 업무에서 요구되는 것과는 반대되는 행동이라고 믿는다.

외교관들은 중간지대in-between에서 살아야 한다. 10번 던진 농담 중 먹히지 않아서 어색한 7번에 말이다. 외교관의 과업은 먼저 그 공간에서 편안해지는 법을 배우고, 그런 다음 다른 사람들을 편안하게 만들어주는 법을 배우는 것이다. 사람들이 그들의 참호, 혹은 특권의 벽 뒤에서 나와 참여하도록 이끌어내는 법 말이다. 이는 좌절시키는 마찰을 유익한 마찰로 바꾸는 방법이다. 그리고 대문자 D로 시작하는 외교Diplomacy는 하나의 직업이지만, 소문자 버전의 '사교diplomacy'는 별자리들이 성장하도록 도우면서 우리 모두가 배울 수 있다.

동맹국 간에 의견이 다를 가능성이 있는 심각한 이슈가 등장할 때마다 외교관들이 이용하기 위해 비축해둔 전통적인 답변들이 있다. 어떤 외교관이 국가 간의 정책 차이에 대한 압박 질문을 받을 때, 그들의 반사적인 대응, 세트피스 중 하나는 진지하고 엄중하게 "우리 사이에는 견해 차이가 없습니다There is no daylight between us"라고 말하는 것이다.

(미국-이스라엘, 미국-한국과 더불어) 미국-영국 관계를 종종 이런 말로 방어하는데, 목적은 어떠한 개념이든 불일치를 제거하는 것이다. 그 말은 귀에 쏙 들어온다. 그리고 거의 언제나 잘못된 말이다. 그 말은 우리 모두가 아는 사실을 부정한다. 우리 사이에는 격차가 존재한다. 당신이 어떤 방식으로 '우리'를 정의하건 그 모든 우리 사이에는 말이다. 그 격차를 부정하는 것은 간격을 메꾸는 데 도움이 되지 않는다. 그리고 합의의 기준으로 설정하기에도 너무나 터무니없는 기준이다. 왜 우리는 의견 차이를 그토록 두려워하는 걸까?

변화가 빠르고 혼란스러운 우리 시대에 이런 양분법적인 개념, 우리가 같거나 아니면 적이라는 개념은 일시적으로는 안전하다는 느낌을 제공하는 듯이 보인다. 하지만 이런 마취제에 따르는 부작용은 끔찍하다. 해외건 국내건 우리의 모든 동맹을 지나치게 단순화하게 되는 것이다. 대서양의 양편과 정치적 복도의 양편에서 우리는 각자 딴소리를 하면서 서로에게 이야기하고, 혹은 더 최악의 경우에는 서로에게 전혀 이야기하지 않는다.

도리어 우리는 '이기고' 싶어 한다. 하지만 정확하게 무엇에서 이기려는지 우리는 언제나 확신하지 못한다.

독립 논쟁의 양편에 선 젊은 스코틀랜드인들의 진지한 생각, 혼란스러운 생각, 두려운 생각, 유쾌한 생각에 귀를 기울였던 나는 그날 오전, 무엇 때문인지 완전히 전향했다. 개요를 제시하는 일은 피라미드 사고방식의 환상에 참여하는 것처럼 느껴졌다. 나는 더이상 가식적으로 행동할 수 없었고, 이제 되돌아갈 수 없다는 사실을 깨닫자 내 안에 즐거움이 부풀어올랐다.

경기장을 벗어나

별자리 사고방식으로의 도약을 이룬 후에는 소중히 여기던 많은 것이 다르게 보인다. 그런 도약은 당신이 기대하지 못한 것에 새로운 빛을 비춘다. 그리고 미리 경고하자면, 그 새로운 빛은 낯선 그림자를 드리우고, 우리에게 가장 신성불가침한 영역에 있는 것 중 일부가 가진 결점을 드러낸다.

우리 부모님은 내가 열한 살 때 이혼했다. 그리고 그 해 봄에 존 삼촌은 보스턴에서 사우스캐롤라이나로 향하는 긴 자동차 여행에 나를 데려갔다. 아마도 뉴저지 턴파이크 고속도로 위 어딘가였던 것 같다. 삼촌은 시간 보내기에 좋고, 필요한 약간의 영감도 제공하고, 어쩌면 인성도 조금 기를 수 있을 거라고 생각하고서 내게 도전 과제를 하나 제시했다. 자신이 좋아하는 인물 중 하나인 테디 루스벨트의 인용문 몇 구절을 외우라고 시킨 것이다. 여행이 끝날 때쯤 나는 인용문을 암기했고, 그 문구는 오늘도 여전히 내 머릿속에 있다. 실제로 큰 가족 행사에서 모일 때마다 그는 대개 그 인용문을 암송하게 했다. 내 대학 졸업식에서도, 내 결혼식에서도 그랬다. 당신도 아마 그 인용문을 들어봤을 것이다.

▶ 중요한 것은 비평가가 아니다. 그 스트롱맨이 어떻게 휘청거렸는지, 혹은 행동하는 사람이 어떤 부분에서 그 일을 더 잘할 수 있었는지 지적하는 사람이 아니다. 공로는 실제로 경기장에서 싸우는 투사에게 돌아간다. 공로는 얼굴이 먼지와 땀, 피로 얼룩진 사람, 용감하게 싸우는 사람, 실수하는 사람, 기대에 미치지 못해도 반복해서 계속 노력하는 사람의 것이다. 실수와 단점이 없는 노력은 없기 때문이다. 하지만 주어진 일을 하려고 실제로 노력하는 사람, 위대한 열정과 헌신을 아는 사람. 가치 있는 명분에 자신을 바치는 사람, 잘 된다면 마지막에 높은 성취가 가져다주는 환희를 알게 될 사람, 그리고

최악의 경우 실패한다 해도 최소한 용기 있게 도전해서 실패하는 사람, 그래서 승리도 패배도 모르는 차갑고 용기 없는 영혼들과는 결코 함께하지 않을 사람의 것이다.[111]

그 인용문의 팬은 존 삼촌만이 아니었다.[112] 최근 들어 드물게 당파를 초월한 순간이었던, 존 매케인 공화당 소속 상원의원을 위한 감동적인 추도식에서 오바마 전 대통령도 추모사에 이 글을 인용했다. 미국 해군사관학교 졸업생들이 진급하려면 이 인용문을 반드시 암송해야 한다. 이 글은 브레네 브라운의 유명한 테드 토크와, 『마음 가면』을 포함해 그 뒤에 나온 책들에도 영감을 제공했다. 르브론 제임스는 '경기장에서 싸우는 투사'라는 문구를 밑창에 양각한 나이키 농구화를 주문 제작으로 디자인하기도 했다.

그리고 나는 이제 이 글이 나에게는 절망을 불러일으킨다는 사실을 고백해야겠다.

이 글을 이해하지 못해서는 아니다. 나는 이 글을 이해한다. 이 글은 아름답고, 그리고 매우 현실적인 무언가를 정확하게 지적한다. 무엇이건 당신이 최선을 다했던 일을 전혀 알지 못하는 사람들이 뒤늦게 비판한다면, 거슬리고 절망에 빠지거나, 미치거나 불같이 화가 나거나 그 어떤 상태라도 될 수 있다. 나는 그런 감정을 셀 수 없이 많이 느껴봤다. 우리 모두 그랬다. 그리고 엄청난 분노를 불러일으킬 위험을 감수하고 말하자면, 나는 루스벨트의 명제가 우리 모두가 진정으로 원하는 일에는 크게 도움이 된다고 느껴지지 않는다. 뭔가 더 큰 일에 봉사하기 위해 함께 뭉치는 것 말이다. 나는 이 글이 (조심스럽게 말하자면) 나쁜 리더십을 독려하는 위대한 리더들에 의해 너그러이 전해져온 신통찮은 처방은 아닌지 걱정된다.

노력, 위대한 열정, 헌신, 가치 있는 명분, 용기 있게 도전하면서 실패하는 일에는 아무런 불만이 없다. 불만은커녕 이 모두는 존경할 만하다. 이 중에 무언가가 아니라 더 본질적인 것이 나를 좌절하게 만든다. 바로 글의 전체 관점과 핵심 이미지다. 이 글은 검투사스럽다. 우리는 경기장에 홀로 서서 '먼지와 땀, 피로 얼룩진 채' 이름이 밝혀지지 않은 적과 싸우면서, 가장 나쁘게 본다면 비평가이고 가장 좋게 봐준다고 해도 중립적인 구경꾼인 다른 사람들에게 둘러싸여 있다. 이 광경은 매우 낭만적이다. 하지만 매우 해로울 수 있다.

이 글은 우리에게 잘못된 선택을 제시한다. 싸우든지, 아니면 빠지라는 것이다. 이런 사고방식에서 본다면 좋은 리더십은 이기는 리더십을 의미한다. 상대를 이기고, 관중을 이기고, 혹은 심지어 당신이 결국 패배하더라도 이기기 위해 최선을 다하라는 것이다. 누가 안에 있고, 누가 밖에 있는가? 누가 최고인가? 이것은 피라미드다.

결혼식에서 이 연설을 암송했을 때, 나는 내가 마치 커다란 무언가의 속으로 걸어 들어가는 듯 느껴졌다. 경기장 속으로 들어가는 것이었을까? 누가 비평가였을까? 우리는 누구와 싸우고 있었을까? 물론 내 가족과 친구가 모두 거기 있었다. 그들은 그저 구경꾼이었을까? 동료 전투원이었을까? 물론 아니다. 누구도 이기거나 지지 않았다. 그때부터 나는 당신이 결혼에서 질 수도 있음을 알게 됐으며(그리고 맞서 싸우거나 빠지는 태도가 그런 일을 불러올 가능성이 가장 높다고 의심하게 됐으며), 그때도 지금도 여전히 당신이 결혼에서 이길 수는 없다고 단단히 확신한다.

루스벨트의 '경기장에서'라는 처방에 따라 살았고 이를 널리 알린 사람은 1968년에 자신의 승리 연설에서 이를 인용한 리처드 닉슨이었다. 그리고 그는 미국에서 최초로 사임한 대통령으로 6년 후에 이 글을 다시 인용했다. 그는 마지막까지 자신을 외롭고 정의로운 투사로 여겼다. 거기에 이 사고방식의 숨은 문제점과 치러야 할 비용이 있다. 그리고 우리는 대안이 있다는 사실을 안다.

7장
다른 종류의 아마도

파워를 포기하라.
불확실성을 끌어안으라.

내 대답 뒤로 수화기 건너편에는 길고 불편한 침묵이 이어졌다. 질문은 매우 단순했다. "귀하가 하실 연설의 제목이 무엇인가요?" 미국 집에 돌아온 나는 새로운 리더십 모델을 논의하기 위해 정부, 민간 부문, 비영리 부문 사람들이 모이는 '최고의 리더십 회담 Best of Leadership Summit'에서 기조연설을 해달라고 요청을 받았다. 회의 자료를 인쇄하려고 주최 측이 걸어온 확인 전화를 받은 참이었다. 수화기 건너편에 있던 사람이 끼어들었다. "제가 제대로 이해한 건지 모르겠네요. 다시 한번 말씀해주시겠어요?" 나는 그들이 내 말을 들었다고 거의 확신한다. "리더십은 농담이다." 나는 반복해서 말했다. 최근 들어 어색한 멈춤이 점점 더 흔해지고 있었다.

나는 리더십이 중요하지 않다는 의미로 농담이라고 생각하는 것이 아니라, 지미 카가 말한 의미처럼 리더십은 좋은 농담과 같아야 한다는 의미라고 그들을 안심시켰다. 전화 통화를 끝낼 때, 내 재미있는 제목이 그 기준에 부합했는지 아니면 그저 하나의 문장에 불과했는지는 아직도 불확실하다.

그 연설에서 지금 이 책을 구성하는 아이디어 몇 가지를 설명한 후, 나는 '성과가 높은 팀을 만드는 열쇠'라는 제목의 세부 논의 세션에 참석했다. 발표자는 에너지가 넘쳤고 유익한 정보를 제공했다. 그는 참석한 모든 사람에게 진정으로 일을 함께 잘하는 어떤 팀에 속해서 하루를 보낸다고 상상하라면서 발표를 시작했다. 그런 다음 그는 '연결된linked-up', '권한을 위임받은empowered', 그리고 내가 생각해봤을 때 여기서 가장 인기 있었던 '흐름 속에서in flow' 등을 포함해 우리가 연상했던 단어들을 소리 내서 말해보라고 요구했다.

그는 격려하듯이 고개를 끄덕였고(그는 과거에 이 작업을 해봤고 이 모든 단어를 들은 적이 있었다), 그런 다음 그곳의 조명을 어둡게 하고서, 극적인 클릭과 함께 파워포인트 프레젠테이션의 첫 번째 슬라이드를 뒤편에 있는 거대한 스크린 위에 띄웠다.

기빙 파워

하! 나는 웃음을 터뜨렸다.

하지만 곧 깨달았다. 발표자는 전혀 웃지 않았다. 오히려 그 반대였다. 그는 효과적인 팀에 관한 자신의 생각을 진지하게 설명하기 시작했다. 나는 그 이미지가 반어적인 의도로 이용된 것이 아님을 깨달았다. 그는 어느 좋은 날 협조적인 분위기의 사무실을 나타내는 표상으로 그 이미지를 선택한 것이다. 우리가 방금 소리내 외쳤던 모든 단어를 포착하려고 말이다. 주변을 둘러봤지만, 다른 누구도 특별히 거슬려하지 않는 듯했다.

나로서는 그 이미지 속 모든 사람이 걱정스러웠다. 뛰어오르는 남자의 궤적을 보라. 넘어지고 말 것이다. 안전모를 쓴 왼편 여성을 보며 내가 걱정한 것은 그의 머리가 아니라 손이었다. 만약 뒤로 기댄 남자가 거대한 기어를 작동하는 데 성공한다면, 여자의 하얀 재킷은 피로 젖게 될 것이다. 그건 그렇다 치고 중앙에서 카메라를 등진 채 전경에 서 있는 남자는 누굴까? 아무것도 하지 않으면서 주머니에 손을 넣고 지켜보는 남자 말이다. 내 짐작으로 그는 팀 리더다. 발표자는 이를 성과가 높은 팀을 그려낸 완벽한 삽화로 봤다. 내게는 고기를 가는 기계처럼 보였다. 내가 지나치게 병적이고 예민한 걸까? 물론 그렇다.

실제로 별자리 관점에서 생각할 때 이런 장면은 산업재해 중 하나가 될 수 있다. 가장 심각한 경우에는 피라미드 사고방식의 비인간성을 보지 않기가 더 힘들다. 아니나 다를까 내가 리더십 오

찬 자리에 도착하자, 주최 기관에서는 커다란 스크린 위로 새로운 로고를 쏘아올렸다.[113]

다음과 같은 로고였다.

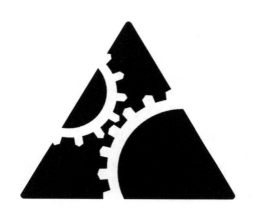

점심식사 시간에 나는 《포천》 선정 100대 기업'의 어느 CEO 옆자리에 앉게 됐다. 그의 회사는 최근 사정으로 직원 1300명을 해고했다. 나는 그 회사가 막 1300개의 구직 공고를 올렸고 적극적으로 채용 활동을 한다는 사실을 알게 됐다. 나는 그에게 뻔한 질문을 던졌고, 그 역시 그런 질문에 여러 번 대답했던 것이 분명했다.

"아니요." 그는 단호하게 말했다. "1300명을 재교육하는 일은 불가능합니다. 마치 간호사와 회계사의 차이 같은 거니까요."

그다음에 나는 제거된 일자리들이 가진 공통점을 물었고 이어서 혹시라도 있다면, 새로운 일자리들이 가진 공통점은 무엇이냐고 물었다. 첫 번째 질문의 답변을 즉시 떠올린 것 같았지만, 그는 천천히 침울하게 대답했다. 그는 아래를 내려다봤다. "보세요. 당신이 다음 주 근무일과 업무 흐름이 어떻게 진행될지 상당히 정확하게 예측할 수 있는 그런 유형의 직업을 가지고 있다면… 음, 당신의 일자리는…" 그는 완곡한 표현을 찾기라도 하듯 잠시 멈췄지만 곧 포기한 것처럼 보였다. "사라졌습니다. 아니면 곧 사라지게 될 겁니다."

두 번째 질문의 답은 좀 더 오래 걸렸다. 그리고 그의 보디랭귀지가 변했다. 그는 위를 올려다봤다. "새로운 일자리들은… 무엇보다 서로 매우 다릅니다…. 하지만 제 생각에 그 일자리들의 공통점은, 거의 알지 못하는 사람에게도 질문할 수 있는 사람들이 우리에게 필요하다는 점입니다…. 거기 관련된 누구도 답을 알지 못하는 질문을요. 그리고 그 질문이 향하는 곳은 어디든 함께 따라가는 겁니다."

요약하자면 이렇다. 당신이 불확실성이 제거될 수 있는 일자리를 상상한다면, 그것은 아마도 사라질 일자리다. 채용될 사람들은? 불확실성을 유익하게 포용할 수 있는 사람들로, 그 가지들이 어디로 향하건 이들을 따르고 서로 연결하는 사람들이다.

익숙한 어려움처럼 들렸다. 나는 다른 기업 임원들도 비슷한 유형의 사람들을 찾는 데 어려움을 겪고 있다고 말하는 것을 들었다. 정해진 결과가 없는 상황 속으로 들어가고, 그룹과 함께 도약을 이루고, 일어날 가능성이 있는 일들을 알아보기에 적절한 사고 방식을 가진 사람들은 찾기 어렵다. '다른 종류의 힘'을 가졌다고 부를 수도 있는 사람들이다. 그리고 우리가 피라미드와 기어의 깃발 아래서 계속 일한다면, 그들을 찾기란 매우 어려울 것이다.

영국의 거의 모든 식스폼칼리지에서, 학생들은 내게 자신과 같은 상황의 미국 학생들에 관해 질문했다. 미국 학생들은 총과 인종주의, 경찰에 대해 어떻게 느끼나요? 나는 영국에 있었고 내 아이들 3명을 제외하고는 미국의 10대들과 많이 이야기를 해본 적이 없었기 때문에, 전혀 모른다는 사실을 인정해야 했다. 그것이 내가 그렇게 해야 할 공식적인 직위나 직업상의 이유가 없었음에도 미국에서 고등학교 고학년을 대상으로 워크숍을 계속했던 이유다. 다음 세대들에게 그들이 무엇을 생각하고 느끼는지, 그리고 무엇이 그들을 좌절하게 만들고 영감을 주는지 물어보면서 말이다.

형식은 같았지만 이들은 미국에 대해 논의하는, 외국인이 아니라 미국인이었기 때문에 대답이 달랐다. 그리고 나는 깨달음을 얻었다. 한 단어 인덱스카드부터 보자면, 무엇이 그들에게 영감을 주는가라는 질문에 가장 흔하게 나왔던 대답은 '다양성'이었고, '자유'가 다양성을 가까이 추격했다. 무엇이 그들을 좌절하고 걱정하게 하는가? 가장 흔한 대답은 '분열'이었다. 경제, 정치, 인종

분열의 뒤를 따른 것은 '외로움'이었다.

이 문제를 생각해보자. 그들에게 가장 영감을 준 것은 다양성 diversity이고, 그들을 좌절하게 만드는 것은 분열division이다. 금방 눈에 띄는 사실은 이 단어들이 떨어져 있음을 의미하는 같은 어근div을 공유한다는 것이다. 따라서 그들이 가장 사랑하고 두려워하는 건 모두 떨어진 것에 뿌리를 내리고 있었다. 그들은 선택을 강요당한다고 느꼈다. 정해진 틀에 순응할 때에만 어울릴 수 있었고, 진정한 자신을 드러내고 싶어서 이를 거부한다면 배제됐다. 들어맞거나 두드러지거나, 둘 중 하나를 선택하라는 것이다.

다른 방식으로 이 문제를 들여다보자. 다양성의 반대는 균일성이고, 분열의 반대는 통합이다. 학생들은 균일성 없는 통합을 원한다. 단순하게 표현하자면, 그들은 돋보이면서도 어우러지기를 원한다. 젊은 미국은 매일 별자리를 요구하지만, 우리가 그들에게 가리키는 방향은 그 쪽이 아니다.

피라미드 프로파간다

젊은 미국인들 사이에서 가장 찬양을 받고 공유가 되는 조언들은 대학 캠퍼스에서 열리는 졸업식에서 나온다. 하나의 문화로서 이 때는 우리가 함께 큰 그림에 집중한다. 훌륭한 졸업식 연설은 우리가 반복해서 보는 유튜브 클래식이 되기도 한다. 그리고 전형적인 졸업식에는 (부모님, 조부모님, 교직원들을 더한다면) 성인의 숫자가 학생보다 더 많기 때문에, 졸업식에서 하는 이야기들은 우리 모두가 중요시하는 것에 관해 많은 걸 말해준다.

미국 공영라디오방송NPR은 졸업식 연설 350건 이상을 세밀하게 조사했고, 가장 흔하게 등장하는 메시지를 파악했다. 가장 순위가 높은 다섯 가지는 다음과 같다.[114]

1. 세상을 바꾸라.
2. 내면의 목소리에 귀를 기울이라.
3. 열심히 일하라.
4. 포기하지 말라.
5. 실패를 끌어안으라.

좋다. 크게 놀랍지는 않은 내용이다. 우리는 이런 이야기를 수도 없이 들었다. 그들은 경쟁에 참여하도록 우리를 독려한다. 우리의 미래에 관하여 적절한 프레임으로 사고하기를 원한다. 언뜻 보기에는 진실로 가치가 있는 듯하다. 거기에 명백하게 반대되는 다음 메시지들을 고려해본다면 특히 그렇다.

1. 빠져 있으라.

2. 입을 다물라.

3. 게으름을 부리라.

4. 포기하라.

5. 자제력을 잃고 흥분하라.

하지만 목록에 오른 메시지들을 한꺼번에 들여다보면 뭔가가 눈에 띄기 시작한다. 다시 한번 살펴보라.

1. 세상을 바꾸라.

2. 내면의 목소리에 귀를 기울이라.

3. 열심히 일하라.

4. 포기하지 말라.

5. 실패를 끌어안으라.

이런 생각을 해보자. 만약 이 조언에 신경 쓰는 누군가를 그림으로 그리면 어떻게 보일까? 그림 초보자를 위해서 설명하자면, 그 그림에 얼마나 많은 사람이 등장하겠는가? 오로지 한 사람뿐일 것이다. 그렇지 않은가? 마치 홀로 미션을 수행하려고 무선 연락이 안 되는 심우주속으로 떠나려 준비 중인 우주비행사에게 하는 이야기와 비슷하다. "이봐, 최소한 너는 내면의 소리는 들을 수 있을 거야. 그리고 여담이지만 세상을 바꾸고 우리 모두를 구원할 뭔가를 가지고 돌아와주길 바라. 포기하지 말라고!" 이 조언에는 위대한 영화를 만드는 모든 요소가 있지만 현실과는 거의 거리가 멀다.

졸업식 날의 이미지를 외로운 우주비행사의 이미지와 비교한다면, 이 조언은 특히 어울리지 않는다. 당신이 연단 위에 서서 졸업 축사를 하고 있다면, 당신이 물끄러미 바라보는 젊은이들이 상호 의존이 낳은 열매의 살아 있는 사례임을 알게 될 것이다. 그들의 부모, 조부모, 형제자매, 룸메이트, 선생님들이 잔디밭을 이쪽 끝에서 저쪽 끝까지 가득 채운다.

졸업식 연사들은 대개 감사를 담아 이들의 이름을 언급하고, 이들은 박수를 받는다. 하지만 그런 다음 이상한 일이 일어난다. 우리는 케이프 커내버럴*에 있는 전망대로 이동해서는, 학생들이 혼자 '현실의 삶'을 향해 이륙해서 세상을 바꾸거나, 이를 시도하다가 죽기를 기다린다.

아이디어와 혁신이 작동하는 방법을 전달하면서도 우리는 똑같이 오해의 소지가 있는 개념을 담는다. '아이디어'라고 하면 떠오르는 이미지를 그려보라고 요청하면, 거의 모든 사람이 정확하게 똑같은 스케치를 한다. 구글 이미지를 검색해보면, 똑같은 그 그림의 수천 가지 버전이 튀어나온다. 바로 공중에서 홀로 이상하게

---

* Cape Canaveral. 미국 플로리다주 중동부에 있는 미국항공우주국의 우주기지.

떠다니는 노란색의 백열전구다. 어떤 것과도 연결돼 있지 않지만, 거기서 광선이 조금씩 나오며 여전히 환히 빛난다. 친구에게 문자를 보내며 '아이디어'를 입력하려고 하면, 스마트폰은 대안으로 전구 이모티콘을 제공할 것이다. 이것은 우리 모두 지니고 다니는 시각적 클리셰로, 고립되고, 상호의존을 도외시하고, 모든 일을 혼자서 할 수 있다고 생각하려는 우리 본능의 표상이다. 하나의 아이디어는 좋게 봐줘야 불이 꺼진 전구다. 그리고 다른 사람들이 없을 때 우리도 그렇다. 빛을 생산하려면, 전구에게 필요한 요소가 우리에게도 필요하다. 바로 에너지와 연결이다.

물론 현실에서 우리 학생들이 졸업식을 마치고 검은색 가운과 술이 달린 사각모를 벗어던질 때 로켓의 고독한 에어로크(기밀실)로 들어가지는 않는다. 그들은 그날 밤 테이블에 둘러앉아 약간의 불확실성을 느끼며 (아마도 술을 마시면서) 미래를 생각하는 자신을 발견할 것이다. 그들은 뭔가를 함께 만들어가고 싶어 할 것이다. 그들은 우리 모두가 의존 아니면 독립이라는 잘못된 선택을 끝내기를 원할 것이다.

다음 세대가 상호의존의 습관을 개발하고 강화하기를 원한다면 우리는 그렇게 조언해야 하고, 피라미드 프로파간다를 은근슬쩍 (혹은 공공연하게) 전달하지 말아야 한다.

그러면 별자리는 졸업 연설에서 어떻게 다른 조언을 제시할 수 있을까? 한번 시도해보자.

1. ~~세상을 바꾸라~~ 사고방식을 바꾸라.

2. ~~내면의 목소리에 귀를 기울여라~~ 내면의 목소리를 공유하라.

3. ~~열심히 일하라~~ 함께 어려운 일을 해결하라.

4. ~~포기하지 말라~~ 파워를 포기하라(더 크게 만들기 위해).

5. ~~실패를 끌어안으라~~ 불확실성을 끌어안으라.

그《포천》선정 100대 기업 CEO는 잘 모르는 사람에게도 어려운 질문을 할 수 있는 직원을 원했다. 아이들은 자기 자신이 되면서도 동시에 어울리고 싶어 한다. 우리는 팀과 함께 흘러가기를 원한다. 하지만 우리는 혼자 이루는 성취를 설교하며, 고기를 가는 기계처럼 느껴지는 조직 속으로 젊은이들을 들여보내고 있다.

도약을 하려면 특별한 힘이 필요하다.

우주로 떠나거나 경주(단거리나 마라톤)에서 달리는 것, 혹은 경기장에서 싸우는 것은 모두 진정으로 어려운 일보다는 훨씬 쉽다. 그 일은 바로 자신을 마주하고 자신의 불완전함을 다른 사람에게 드러내며 그들과 함께, 그리고 그들을 통해 새로운 뭔가를 만들어가는 것이다.

싸움은 쉬운 탈출구다. 그리고 기억하라. 1달러 지폐 뒤편에는 우리를 이끌어줄 커닝페이퍼가 있다.

힘 혹은 아마도

몇 년 전 오바마 전 대통령은 사우스캐롤라이나주의 찰스턴에서 백인 우월주의자에 의해 신도 8명과 함께 교회에서 살해당한 클레멘타 C. 핑크니Clementa C. Pinckney 목사를 위해 추도사를 낭독했다.[115] 어쩌면 그가 〈어메이징 그레이스〉를 불렀기 때문에 그 연설이 빠르게 퍼졌던 일까지 기억할지도 모르겠다. 하지만 흥미로운 사실은 실제 연설문에는 그 노랫말이 없었다는 점이다. 노래는 계획되거나 예행연습을 거친 게 아니었다. 하지만 그는 어쨌든 노래를 불렀고, 미국과 전 세계의 많은 사람이 깊은 감동을 받았다. 며칠 후에 비하인드 스토리가 알려졌다.

연설문을 검토하던 그가 위를 쳐다보고는 난데없이 "아마도 노래를 부를지도 모르겠어I might sing"라고 말했을 때, 그는 아내 미셸, 최고 자문역 밸러리 재럿Valerie Jarrett과 헬리콥터 안에 나란히 앉아 찰스턴으로 가던 중이었다. 그들은 오바마를 쳐다봤고, 혼란스러워했다. 뭐라고? "연설을 하다가 노래를 부를지도 모르겠어." 그가 반복해서 말했다. 두 사람은 모두 똑같은 표정을 지으면서 똑같이 대답했다. 노래하지마, 제발. 무슨 일을 해도 좋지만 노래는 하지 마. "글쎄, 안 부를지도 모르지." 대통령이 말했다. "하지만 내 생각엔 내가 노래를 부르면, 교회에서도 함께 부를 것 같아. 어떻게 느껴질지 봐야겠지."

대통령은 도착했고, 추도사를 낭독하기 시작했다. 그는 비극이 일어난 후에 교회가 어떤 일을 했는지 되돌아봤으며, 거기에 대응해 미국이 무엇을 할 수 있을지 질문해보았다고 말했다. 또한 피해자의 가족이 놀랍게도 살인범을 용서했다는 사실을 언급하며, 은총grace에 대해 이야기했다. 은총이 있다면 어떤 일도 가능하다고.

그는 말했다. "어메이징 그레이스… 어메이징 그레이스…."

그런 다음 그는 침묵했다. 아주 오랜 시간 동안. 당시의 영상을 보면 뒤에 앉은 목사들이 기대감에 차서 그를 올려다보는 모습을 볼 수 있다. 정확하게 말하자면 13초였다. 긴 시간으로 들리지 않을지도 모르지만 연설에서 13초는 영원이다. 책이었다면, 아마 이렇게 보였을 것이다.

(아직 아니군)

(여전히 아니야)

(조금만 더)

느낌이 오는가?

그런 다음 그는 그냥 시작했다. 혼자서 〈어메이징 그레이스〉의 몇 소절을 부르기 시작한 것이다. 연단에 설치된 마이크로 부르기에는 다소 목소리가 컸을지도 모르겠다.

그런 다음 누군가가 "노래하세요, 대통령님"이라고 말한 후 따라 부르기 시작했다. 그리고 바로 대통령이 원했던 대로, 더 많은 사람이 느리게, 하지만 확실하게 합류하기 시작했다. 모든 신도가 노래를 부르고 있었다.

그는 안전한 길을 갈 수도 있었고, 감동적인 연설만 할 수도 있었다. 오바마는 자신이 그 일에 능하다는 사실을 안다. 그의 노래는… 글쎄… 괜찮은 수준이지만 엄청난 실력은 아니라고 해두자. 하지만 그는 신도들과 중간 지점에서 만났고, 그들은 서로를 위해 거기 있었다. 그것은 슬퍼하는 대통령과 신도와 국가를 치유하는 데 도움이 된, 함께하는 자유였다.

오바마에게는 연단과 마이크, 직위와 장소가 가진 파워가 있었다. 그리고 그는 그 파워를 신도들에게 넘겨줬다. 그러는 가운데 그 어색한 13초에서 블룸 루프가 생겨났다. 개인들이 뛰어들었고, 오바마의 목소리에 자신의 목소리를 합쳤다. 신도들은 오바마가 필요했다. 하지만 그들은 오바마 역시 자신들을 필요로 하리라 기대하면서 이 자리에 왔다는 사실을 알고 아마 놀랐을 것이다. 모든 게 변했다. 그리고 그 변화는 헬리콥터에서 그가 말한 '아마도 might'라는 문구에서 시작했다.

힘과 불확실성이라는 두 가지 의미를 가진 '마이트Might'는 좋은 단어다. 피라미드 사고방식이 뭐라고 소리를 지르건, '아마도'는 괜찮다. 사실 괜찮은 정도 이상으로 매우 중요하다. 모든 별자리 리더는 알려졌건 무명이건, 기억되건 잊혔건, 이러한 도약에서 시작한다. '나는 아마도'는 '나도 아마도'로 이어지고, 곧 '우리는 아마도'로 이어진다.

이제 도약할 준비가 됐는가? 아마도 그럴 거라고 생각하는가? 아직은 그리 확실하지 않은가? 완벽하다. 지금이 바로 그때다….

감사의 글

이 책은 리더십과 공동창조를 이야기한다. 그리고 내게는 감사할 사람이 너무도 많다. 영감을 주고, 파워를 나누고 함께 자유를 찾는 일에 참여하며 배울 기회를 준 사람들이다.

나에게는 직접 만나서 감사를 전하고 싶었던 두 여성이 있다. 그들의 통찰은 힘차게 빛났으며, 내가 경험한 사고방식의 도약을 설명할 수 있도록 도와주었다. 두 사람은 바로 메리 파커 폴릿과 제인 제이콥스다. 그리고 내가 감사하다는 말을 전할 수 있고, 이미 그렇게 했으며, 또 다시 감사해야 하는 여성 두 사람도 있다. 린 올슨과 린 트위스트다. 존 길버트 위넌트 대사는 자기 자신을 떠받들지 않을 때 우리가 어떤 일을 성취할 수 있는지 보여주었다. 윌리엄 제임스와 도러시 세이어스는 우리가 단순히 진실을 발견하는 사람이 아니라 진실을 만드는 사람이라는 교훈을 내게 가르쳐줬다. 버락 오바마는, 그의 외교적 조언도 이 책에 담겨 있지만, 이 책의 집필에도 조언을 해줬다. "하루에 하나씩 진실을 쓰려고 노력해보세요. 생각보다 쉽지 않은 일이랍니다." 내 할아버지 자크 바전은 105세가 가깝도록 사셨고, 40권이 넘는 책을 쓰셨다. 할아버지는 내게 현명한 경고를 해주셨다. "분석은 놀랍도록 정교할 수 있지. 하지만 그러면서 전혀 정확하지 않을 수도 있단다." 그리고 이렇게 말씀하셨다. "우리 삶에서 대부분의 것들은 풀어내야 할 문제가 아니란다. 대응해야 할 어려움이야." 보너스로 할아버지는 문장을 전치사로 끝내도 된다고 허락하셨고, 나는 그 혜택을 즐겁게 누렸다.

이 책은 여러 버전을 거쳤다. 제임스 하딩은 그 모든 버전을 읽었다. 쓰레기통에 던져진 첫 번째 버전을 포함해서 말이다. 그는 가능한 한 가장 친절한 방식으로, 그 버전이 속할 곳은 바로 그곳이라며 나를 안심시켰다. 책이 발전하는 동안, 그는 잡지 기사나 신문의 논평에는 많은 아이디어가 포함될 수 있지만 한 권의 책에는 '한 가지' 아이디어만 포함돼야 한다는 사실을 상기시켜주었다. 내가 그 한 가지 아이디어를 표현하려고 고군분투하는 동안 다음 사람들의 피드백은 엄청난 도움이 됐다. 오슬리 브라운 3세, 존 헤일, 다나 하먼, 벨라 폴렌, 터니 베리, 카일 허위츠 중령,

감사의 글　　　　　277

에밀리 빙엄, 앤 코피, 키프 갤러거, 존 힐, 레이 이글레하트, 마이클 레아, 존 존슨, 수전 쇼트, 미르나 볼란드, 캐럴 존스턴, 래리 캔달, 스티븐 커티스, 케븐 맥알리스터, 스티븐 머피, 테드 스미스, 케이트 와인버그. 그리고 다음 사람들의 사례와 독려로 혜택을 입었다. 조시 버거, 켄 번스, 앤 마리 슬로터, 데이비드 래미, 짐 스태브리디스 장군, 뵈리에 에크홀름, 제니 러셀, 피터 래트만, 스티븐 톰린슨, A.A. 질, 알래스테어 캠벨, 조디 그레이그, 마크 카니, 빈트 서프, 대니 메이어, 윌 올드햄, 지미 카, 이완 벤터스, 케빈 매켄지, 드루 파우스트, 앤드루 솔로몬, 애덤 히치콕, 매트 코민스, 필 도이치, 빌 케너드, 엘레니 차코플로스 코롤라커스, 제프리 로젠, 행크 마이어, 마크 스키너, 라지 샤, 존 그리핀, 벤 브레이어, 윌 가이어, 데이브 에거스, 스테이시 웨이드, 탐 폭스, 모나 섯폰, 헤더 클레이스너, 세시 커츠먼, 아르준 와니, 댄 베어, 엘리안 파텔, 애니 레녹스, 대니 라이머, 가빈 브라운, 미츠 베서, 피오나 레이놀즈, 케이티 바넥 스미스, 키아라 브라운, 듀로 올로우, 로절린 덱스터, 엠마 설리번, 에반 라이언, 세바스찬 스콧, 스콧 나단, 오거스타 브라운 홀랜드, 길 홀랜드, 파라 판디스, 프레드 클레이스너, 패트릭 힐리, J. 해리슨, 샘 파커, 메이컨 필립스, 마크 토칼라, 토니 블링컨, 코디 케난, 벤 로즈, 저스틴 피카르디, 드와이트 폴러.

그리고 환영하는 열린 마음이 가진 패턴과 어조를 모델링하는 데는 루시와 리처드 로저스의 도움을 받았다. 알랭 드 보통은 친절하게 초기 버전을 읽어줬고, 그런 다음 나에게 이 책 작업을 얼마나 오래 하고 싶은지 물었다. 나는 석 달이라고 말했다. 그는 이해한다는 듯 고개를 끄덕이더니 내가 이 소재에 3년이라는 시간을 더 투여하면 좋겠다고 말했다. 거의 정확하게 이 책을 쓰는 데 소요된 시간이다.

내 사랑하는 형제자매인 마리아나, 루시, 찰스는 평생 동안 즐거운 마음으로 애정을 담아 생산적이고 정직하게 조언해왔다. 재능 있는 작가인 찰스는 본인의 글이 어떨 땐 노골적으로 빤하게, 어떨 땐 명백히 잘못된 것처럼 느껴진다 해도 충격받지 말라고, 그것이 정상이라는 본인 멘토의 조언을 전달해줬다. 아버지는 언제나 주장을 밝히기 위해 적절한 언어를 사용하는 일에 신경을 쓰셨다. 장모님 크리스티와 돌아가신 장인어른 오슬리는 내게 담백한 포용의 언어와 보디랭귀지를 보여주셨다. 신념의 도약에 관해 변치 않는 신념을 가진 어머니는 이미지와 비유로 세상을 보고, 말씀하시는 만큼 여러 번 읽으면서 내 글 가운데 당신에게 '녹색'(생생한 것)이나 '회색'(죽은 것)처럼 느껴지는 부분을 망설임 없이 지적하셨다.

이 책은 오로지 내가 큰일을 함께 만들어내고자 노력하는 팀에 속했기 때문에 쓸 수 있었다. 사촌이자 친구, 멘토인 셸비 보니는 씨넷을 공동으로 창업했고, 그곳에 있는 모든 동료들, 특히 로빈 윌래너와 함께 일하고 배울 기회를 줬다. 존 케리는 내게 인턴십 자리를 줬고, 자신의 캠페인에 초대했으며, 미국의 외교가 절대적으로 최고의 상태였을 때 우리 모두에게 살아 있는 모범사례를 선물했다. 친애하는 친구 조던 캐플란과 마이클 오닐은 내가 결코 전화를 받지 않을 때도 계속해서 전화를 걸어왔다. 오바마를 슬러거 필드로 오게 만드는 일을 함께했던 파트너 캐럴린 탠디와 브룩 파듀는 2008년에 오바마를 위해 나선 모든 자원봉사자와 함께 그 마법을 키우는 법을 배울 수 있도록 도와줬다. 데이비드 플러프, 줄리아나 스무트, 페니 프리츠커는 나와 내 동료 국가재정위원회NFC 멤버들이 지속적으로 지위가 아니라 성공에 초점을 맞추도록 도와줬다. 2012년에는 NFC, 데이비드 시마스, 조 로스파스, 테디 고프, 벤 라볼트, 젠 오말리 딜론, 스테파니 커터, 버피 윅스, 제러미 버드, 리츠 자비스 션, 미츠 스튜어트, 마크 비티, 마이클 블레이크, 케빈 칼스가드, 샘 브라운, 메간 버딕, 리즈 라워리, 조 폴슨, 유진 장, 아니타 데커 브레킨리지, 알리사 마스트로모나코, 그리고 수많은 다른 이들이 어떻게 마찰을 유익하게 만들 수 있는지 보여줬다. 그리고 이 모든 과정에서 루프스 지포드와 나의 파트너십은 우정이 됐다. 해외로 향하기 전, 피트 라우스, 아니타 던, 토미 비에터, 존 패브로, 월터 칸트스타이너는 내가 내 자신이 되면서도 동시에 공적 존재가 될 수 있도록 길잡이가 돼주었다. 나의 외교부 동료들과, 공관 차석DCM 빌 스튜어트, 리즈 디블, 루 루켄스가 함께 이끈 영국과 스웨덴 주재 대사관의 모든 구성원은 나의 화이트보드 낙서를 참아주면서 그들의 기술을 가르쳐줬다. 식스폼 학생 2만 명과 '영국의 젊은 리더들YLUK'의 멤버들은 내가 미국을 더 잘 이해할 수 있게 도와줬다. 그레이엄 하틀리는 최고의 수업으로 일상적인 외교의 기술을 알려주었다.

앤드루 와일리는 나를 담당하면서 내가 특이한 존재가 되도록 허용했다. 조시 모스는 자신의 업무를 쉬면서도 내가 좀 더 나다워지도록 부드럽게 이끌었다. 에이드리언 잭하임은 내가 적절한 '아이디어 조합'을 표현할 수 있도록 밀어붙였다. 그리고 어맨다 랭, 메리 케이트 스키한, 사라 브로디, 젠 하우어, 제시카 레지오네, 니콜 셸리, 메이건 카바노프, 제인 카보리나, 애나 도빈의 전문성은 내가 쓴 '낱장'들을 하나의 책으로 변모시켰다. 그 전 과정에서 메리 선은 밀어붙여야 할 때와 아닐 때를 뛰어나게 파악했다.

사이먼 시넥은 대양과 대륙을 가로지르면서 내가 결코 끝나지 않기를 바랐던 계속되는 대화를 촉발하면서, 두 가지 질문으로 나의 '이유'를 찾을 수 있게 도와줬다. 사이먼은 이 책을 현실로 만드는 데 필수불가결한 촉매였다.

그리고 한 단어 한 단어 이 책을 쓰는 작업이 있었다. 그 작업은 이 책에서 맡은 역할을 정의하거나 과장하기 어려운 사람들과의 공동창조였다. 따라서 나는 소설가 새뮤얼 버틀러가 말한 가장 오해의 소지가 적은 방법, 비유를 이용하고자 한다. 열네 살 이후로 내 친구이며 2008년 이후로는 내 일의 협력자가 된 로아데스 앨더슨은 위대한 음악 제작자 릭 루빈이나 나일 로저스와 같다. 그들은 스튜디오의 녹음실 안에서는 뮤지션이자 밖에서는 엔지니어로서, 자기 안의 최고만이 아니라 함께하는 우리 안의 최고를 꺼내며(혹은 끌어내며educing, 아마 디 호크라면 이렇게 말했을 것이다) 음악 작업을 한다.

그리고 마지막이자 가장 큰 감사는 헌사 속의 B.B.B인 아내, 사랑하는 브룩에게 바친다. 그는 한 번의 블라인드 데이트에 예스라고 답해주었고, 내가 새로운 방식으로 세상을 볼 수 있도록 매일 나를 가르친다. 그리고 내 멋진 세 명의 아이들, 자크, 엘리노어,

찰스에게 바친다. "너희들이 미래"라는 말은 상투적이다. 현실은, 너희들이 현재이자 선물present이다.

미주

서문

1   Rhode Island Historical Society, 2020 Vision: Rhode Island
     Historical Society Strategic Plan Update)," www.rihs.org/2020-
     vision-rhode-island-historical-society-strategic-plan-update/
     ;"Siemens Announces New Company Structure Under Vision 2020+,"
     RTTNews, August 1, 2018, https://markets.businessinsider.com/
     news/stocks/siemens-announces-new-company-structure-under-
     vision-2020-1027423831#.

2   Larry Clark, "Is Your 'Vision 2020' Leadership Development Strategy
     on the Path to Success?," *Harvard Business Publishing Corporate
     Learning* (blog), August 21, 2018, www.harvardbusiness.org/is-your-
     vision-2020-leadership-development-strategy-on-the-path-to-
     success/.

3   Peter F. Ducker, "The Management of Organizations," in *Great Writers
     on Organizations*, 3rd omnibus ed., eds. Derek S. Pugh and David J.
     Hickson (Hampshire, UK: Ashgate, 2007), 162.

4   Peter F. Drucker, introduction to *Mary Parker Follett, Prophet of
     Management: A Celebration of Writings from the 1920s*, ed. Pauline
     Graham (Washington, DC: Beard Books, 1995), 2.

5   Dee Hock, *One from Many: Visa and the Rise of Chaordic Organization*
     (San Francisco: Berrett-Koehler, 2005), xvi.

1장: 잃어버린 별자리

6   Lewis R. Harley, *The Life of Charles Thomson: Secretary of the Continental Congress and Translator of the Bible from the Greek* (Philadelphia: George W. Jacobs, 1900).

7   로고에 관한 이야기는 다음 책에 기반한다. Richard S. Patterson and Richardson Dougall, *The Eagle and the Shield: A History of the Great Seal of the United States* (Washington, DC: General Printing Office, 1976), 2.

8   Patterson and Dougall, *Eagle and the Shield*, 14.

9   Patterson and Dougall, *Eagle and the Shield*, 16.

10 Patterson and Dougall, *Eagle and the Shield*, 15.

11 Patterson and Dougall, *Eagle and the Shield*, 19-22.

12 Patterson and Dougall, *Eagle and the Shield*, 19-22.

13 Patterson and Dougall, *Eagle and the Shield*, 27.

14 "Second Great Seal Committee-March 1780," http://greatseal.com/committees/secondcomm/index.html.

15 Patterson and Dougall, *Eagle and the Shield*, 39.

16 Patterson and Dougall, *Eagle and the Shield*, 38.

17 Patterson and Dougall, *Eagle and the Shield*, 68.

18 Patterson and Dougall, *Eagle and the Shield*, 71.

19 Charles Thomson to Thomas Jefferson, November 2, 1785, National Archives, Founders Online, https://founders.archives.gov/documents/Jefferson/01-09-02-0005.

20 Patterson and Dougall, *Eagle and the Shield*, 60-68.

21 "The Final Design of the Great Seal—June 20, 1782," http://greatseal.

com/committees/finaldesign/index.html.

22   This image courtesy of the National Archives, *National Archives Identifier 596742*, prologue.blogs.archives.gov/2015/06/20/the-great-seal-celebrating-233-years-of-a-national-emblem/.

23   Joint Committee on Printing, *Our Flag* (Washington, DC: US Government Printing Office, 2007), 42, www.govinfo.gov/content/pkg/CDOC-109sdoc18/pdf/CDOC-109sdoc18.pdf.

24   Harley, *Life of Charles Thomson*, 108.

25   David McNeely Stauffer, *Seal of the President of the Continental Congress*, 1885, Wikimedia Commons, https://commons.wikimedia.org/w/index.php?curid=83952986.

26   Charles A. L. Totten, *The Seal of History: Our Inheritance in the Great Seal of "Manasseh," the United States of America: Its History and Heraldry; and Its Signification Unto "the Great People" Thus Sealed*, vol. 1 (New Haven, CT: Our Race, 1897).

27   Fred S. Rolater, "Charles Thomson, 'Prime Minister' of the United States," *Pennsylvania Magazine of History and Biography* 101, no. 3 (July 1977): 322−48.

28   Ian W. Toll, *Six Frigates: The Epic History of the Founding of the U.S. Navy* (New York: W.W.Norton, 2006), 58–60.

29   Alexis de Tocqueville, *Democracy in America*, ed. and trans. Harvey C. Mansfield and Delba Winthrop (Chicago: University of Chicago Press, 2000), 489. (알렉시 드 토크빌, 『미국의 민주주의 1, 2』, 임효선·박지동 옮김, 한길사, 1997, 2002.)

30   Alexis de Tocqueville, in Gary Y. Okihiro et al., *The Great American Mosaic: An Exploration of Diversity in Primary Documents* (Santa Barbara, CA: Greenwood, 2014), 105.

31 Alexis de Tocqueville, *Democracy in America*, trans. Henry Reeve (Boston: John Allyn, 1876), 547.

32 "How the Pyramid Side of the Great Seal Got on the One-Dollar Bill in 1935," https://greatseal.com/dollar/hawfdr.html.

33 "Franklin D. Roosevelt, "Inaugural Address of the President," (speech, Washington, DC, March 4, 1993), National Archives Catalog, https:// catalog.archives.gov/id/197333.

34 새롭게 제안된 달러 지폐의 동판은 미국 연방인쇄국의 Edward M. Weeks가 새겼다. 이에 대한 루스벨트의 메모 이미지는 미국 국무부가 개최한 국새 전시회의 포스터 중 하나인 "Commemorating the Seal" 포스터에서 발췌했다. 다음을 참조하라. Wikimedia Commons, https:// commons.wikimedia.org/wiki/File:1935_Dollar_Bill_Back_Early_Design.jpg.

35 희귀 화폐 딜러인 Littleton Coin Company의 웹사이트에서 확보한 이미지 www.littletoncoin.com.

36 Sherry Turkle, *Alone Together: Why We Expect More from Technology and Less from Each Other* (NewYork: Basic Books, 2011). (셰리 터클, 『외로워지는 사람들』, 이은주 옮김, 청림출판, 2012.)

2장: 별자리의 창조자들

37 Jeffrey F. Rayport and Thomas A. Gerace, "Encyclopaedia Britannica (A)," Harvard Business School, Case No. 396-051 (1995).

38 Shane Greenstein, "The Reference Wars: Encyclopædia Britannica's Decline and Encarta's Emergence," *Strategic Management Journal* 38, no. 5 (May 2017): 995-1017; *Encyclopaedia Britannica Online*, s.v. "Encyclopædia Britannica," Christopher Hardy Wise Kent et al.이 2020년 10월 20일 업데이트함. www.britannica.com/topic/Encyclopaedia-

Britannica-English-language-reference-work.

39   Philip Evans and Thomas S. Wurster, *Blown to Bits: How the New Economics of Information Transforms Strategy* (Boston: Harvard Business School Press, 2000), 5.

40   이 이야기는 2015년 미국 대사관을 방문한 지미 웨일스가 내게 해 준 이야기다. 아울러 다음을 참조하라. Wikipedia, s.v. "History of Wikipedia," 2020년 10월 23일, 14:21 최종 수정, https://en.wikipedia. org/wiki/History_of_Wikipedia; Walter Isaacson, "You Can Look It Up: The Wikipedia Story," *Daily Beast*, July 12, 2017, www. thedailybeast.com/you-can-look-it-up-the-wikipedia-story.

41   Dee Hock, *One from Many: Visa and the Rise of Chaordic Organization* (San Francisco: Berrett-Koehler, 2005), Kindle; 아울러 deewhock.com 에서 비자의 연표와 역사를 참조하라.

42   Hock, *One from Many*, 36.

43   Hock, *One from Many*, 98.

44   "Visa Fact Sheet," August 2017, https://usa.visa.com/dam/VCOM/ download/corporate/media/visanet-technology/aboutvisafactsheet. pdf.

45   Hock, *One from Many*, 47.

46   Dee Hock, "The Birth of the Chaordic Century: Out of Control and Into Order" (speech, Extension National Leadership Conference, Washington, DC, March 11, 1996), www.fs.fed.us/im/philos/chaordic. htm.

47   Hock, *One from Many*, 172.

48 "Obituary: Management Guru Peter F. Drucker Dies," *New York Times*, November 13, 2005, www.nytimes.com/2005/11/13/world/americas/obituary-management-guru-peter-f-drucker-dies.html.

49 Laurence Prusak and Thomas H. Davenport, "Who Are the Gurus' Gurus?," *Harvard Business Review*, December 2003, https://hbr.org/2003/12/who-are-the-gurus-gurus.

50 Peter F. Drucker, *The Daily Drucker: 366 Days of Insight and Motivation for Getting the Right Things Done* (New York: HarperCollins, 2004), 28. (피터 드러커, 『피터 드러커 일의 철학』, 피터 드러커 소사이어티 옮김, 청림출판, 2018.)

51 Warren Bennis, "Thoughts on 'The Essentials of Leadership,'" in *Mary Parker Follett, Prophet of Management: A Celebration of Writings from the 1920s*, ed. Pauline Graham (Washington, DC: Beard Books, 1995), 178.

52 Peter F. Drucker, introduction to *Mary Parker Follett, Prophet of Management: A Celebration of Writings from the 1920s*, ed. Pauline Graham (Washington, DC: Beard Books, 1995), ii.

53 나는 폴릿에 관한 놀라운 전기를 쓴 Joan C. Tonn에게 감사하고 싶다. *Mary P. Follett: Creating Democracy, Transforming Management* (New Haven, CT: Yale University Press, 2003), Kindle.

54 Tonn, *Mary P. Follett*, 26.

55 Tonn, *Mary P. Follett*, 26.

56 "William James," Harvard University, Department of Psychology, https://psychology.fas.harvard.edu/people/william-james.

57 Ralph Waldo Emerson, *Essays* (Boston: n.p., 1841), 3. (랄프 왈도 에

머슨, 『자기신뢰』, 이종인 옮김, 현대지성, 2021.)

58 William James, "The Social Value of the College-Bred" (1907년 11월 7일
    매사추세츠주 캠브리지시에 있는 레드클리프대학의 미국 동창회 회의
    에서 한 연설), www.uky.edu/~eushe2/Pajares/jaCollegeBred.html.

59 Mary Parker Follett, *The Speaker of the House of Representatives* (London:
    Longmans, Green, 1896), xi.

60 Tonn, *Mary P. Follett*, 154.

61 Mary Parker Follett, *The New State: Group Organization the Solution of
    Popular Government* (University Park: Pennsylvania State University
    Press, 1998), 3.

62 "Report of the East Boston Centre by Committee on Extended Use of
    School Buildings, 1911-1912," *Bulletin: The Women's Municipal League
    of Boston*, May 1912, 8, Tonn, *Mary P. Follett*, 210.에 인용됨.

63 Follett, *New State*, 40.

64 Follett, *New State*, 292.

65 Elliot M. Fox, "Mary Parker Follett: The Enduring Contribution,"
    Public Administration Review 28, no. 6 (November-December 1968):
    523.

66 Stephen Frost, *The Inclusion Imperative: How Real Inclusion Creates Better
    Business and Builds Better Societies* (London: Kogan Page, 2014), 83. 프
    로스트는 2012년 런던 올림픽의 다양성과 포용성 위원회 회장을 맡았
    다. 그의 원래 표현은 "다양성은 현실이다. 포용은 선택이다Diversity is a
    reality. Inclusion is a choice"이었다.

67 Tonn, *Mary P. Follett*, 404.

68 M. P. Follett, *Creative Experience* (London: Longmans, Green, 1924),
    189.

69 Tonn, *Mary P. Follett*, 414.

70 Drucker, introduction to *Mary Parker Follett*, 7.

71 Stephen R. Covey, *The 7 Habits of Highly Effective People* (New York: Free Press, 2004), 324. [스티븐 코비, 『성공하는 사람들의 7가지 습관』(출간 25주년 뉴에디션), 김경섭 옮김, 김영사, 2017.]

72 이는 스티븐 코비의 *The 7 Habits of Highly Effective People* (New York: Simon & Schuster, 2020) 출간 30주년 에디션 p.213에 나오는 이미지를 그린 것이다.

73 Jim Collins, *Good to Great: Why Some Companies Make the Leap and Others Don't* (New York: HarperCollins, 2001), 28, Kindle. [짐 콜린스, 『좋은 기업을 넘어 위대한 기업으로』(25주년 뉴에디션), 이무열 옮김, 김영사, 2021.] 또한 다음을 참조하라. www.jimcollins.com/concepts/level-five-leadership.html.

74 이것은 짐 콜린스의 책 『좋은 기업을 넘어 위대한 기업으로』 제2장에 나오는 경영능력의 '5단계의 계층 구조Level 5 Hierarchy' 이미지를 그린 것이다.

75 Follett, *New State*, 357.

4장: 내려놓기

76 이 장에서 처칠, 위넌트, 케네디에 관한 부분은 다음의 책에 많은 부분 의존한다. Lynne Olson, *Citizens of London: The Americans Who Stood with Britain in Its Darkest, Finest Hour* (New York: Random House, 2010).

77 케네디 대사의 이야기는 대부분 David Nasaw, *The Patriarch: The Remarkable Life and Turbulent Times of Joseph P. Kennedy* (New York: Penguin Press, 2012), 498에서 나왔다.

78 Olson, *Citizens of London; Bernard Bellush, He Walked Alone: A Biography of John Gilbert Winant* (The Hague: Mouton, 1968); 그리고 Alison R. Holmes and J. Simon Rofe, *The Embassy in Grosvenor Square: American Ambassadors to the United Kingdom, 1938–2008* (London: Palgrave Macmillan, 2012).

79 Olson, *Citizens of London*, 5.

80 Olson, *Citizens of London*, 25.

81 Olson, *Citizens of London*, 144.

82 Bellush, *He Walked Alone*, 186.

83 Timothy Riley, "The Fulton Report: From the National Churchill Museum," *Finest Hour* 178 (Fall 2017), https://winstonchurchill.org/publications/finest-hour/finest-hour-178/the-fulton-report-from-the-national-churchill-museum-2/.

84 1946년 미국 대통령 국새, Title 3 of the Code of Federal Regulations (CFR), 1943–1948 Compilation, 447 참조.

85 Richard Langworth, "Churchill, Truman and Poker on the Train to Fulton, March 1946," July 6, 2018, https://richardlangworth.com/churchill-truman-poker-fulton-train.

86 Winston Churchill, "Sinews of Peace," (speech, Westminster College, Fulton, MO, March 5, 1946), www.nationalchurchillmuseum.org/sinews-of-peace-iron-curtain-speech.html.

87 Churchill, "Sinews of Peace."

88 Charles Duhigg, "What Google Learned from Its Quest to Build the Perfect Team," *New York Times Magazine*, February 25, 2016, www.nytimes.com/2016/02/28/magazine/what-google-learned-from-its-quest-to-build-the-perfect-team.html. Duhigg는 하버드경영대학원

교수인 Amy Edmondson이 정의한 용어를 인용했다.

89 나는 2013년과 2017년 사이 언젠가 한 런던 신문에서 가족의 저녁식사
와 아침식사 시간에 드러나는 습관과 행동의 차이를 설명하는 기사를
읽었다. 그 사람이 누구였는지 기억해서 이런 대비를 할 수 있었던 데
에 감사를 표하고 싶지만 그러지 못해 아쉽다.

90 초기 인터넷에 관한 이야기와 영국에서 젊은 리더들과 나눈 대화의 출
처는 내 기억과, 그 대화의 전과 후 및 중간에 빈트 서프와 진행한 토론
이다.

91 이 이야기는 서로 다른 두 상황에서 트위스트가 해준 이야기를 기억해
서 쓴 것이다. 한 번은 2017년 4월 켄터키주 루이빌에서 열린 Festival
of Faiths에서 이야기를 들었고, 두 번째는 2018년 가을 샌프란시스코
에서 다시 들었다.

92 M. P. Follett, *Creative Experience* (London: Longmans, Green, 1924),
303.

93 *Bill W.: A Documentary about the Co-founder of Alcoholics Anonymous*,
directed by Dan Carracino and Kevin Hanlon (2012).

94 "Alcoholics Anonymous: The Story of How More Than One Hundred
Men Have Recovered from Alcoholism," *Journal of the American
Medical Association* 113, no. 16 (October 1939): 1513, https://
jamanetwork.com/journals/jama/article-abstract/1158635/.

95 익명의 알코올중독자들의 언론 발표 자료 참조, "A.A.'s Big Book,
Alcoholics Anonymous, Named by Library of Congress as One of
the 'Books That Shaped America,'" press release, July 27, 2012, www.
aa.org/press-releases/en_US/press-releases/aas-big-book-alcoholics-
anonymous-named-by-library-of-congress-as-one-of-the-books-
that-shaped-america. 아울러 AA가 이 책을 "우리가 한 말이 맞았다"
라는 의미로 보낸 것이 아니라, 오히려 수십 년 전에 알코올중독을 질

병으로 지정해준 AMA에 감사하는 의미로 보냈다는 사실을 지적할 필요가 있겠다.

96 〈프론트라인Frontline〉, 시즌 37, 에피소드 3-4, "Our Man in Tehran," 파트 1과 2, Roel van Broekhoven 각본 및 연출, Thomas Erdbrink 출연, 2018년 8월 13일과 14일에 PBS에서 방영. Erdbrink는 《뉴욕 타임스》의 테헤란 지국장이다.

5장: 자라도록 내버려두기

97 Charlie Neibergall의 사진, Associated Press.

98 Win McNamee의 사진, Getty Images.

99 이 이야기는 내 기억에 근거하며 인용구들은 정확하지 않다. 데이비드 플러프는 그의 책 *The Audacity to Win: The Inside Story and Lessons of Barack Obama's Historic Victory* (New York: Penguin Books, 2009), 49, Kindle에서 이 이야기를 더 짧은 버전으로 한 적이 있다.

100 눈송이 모델은 전설적인 커뮤니티 조직가이자 하버드 케네디행정대학원 교수인 Marshall Ganz에 의해 알려지고 인기를 얻었다. 다음을 참조하라. Aaron Wherry, "Q&A: Marshall Ganz on Political Organizing," *Maclean's*, August 27, 2015, www.macleans.ca/politics/qa-marshall-ganz-on-political-organizing/.

101 이 이미지는 Marina Mehling이 쓴 기사에 나온다. 영국박물관에 있는 레오나르도 다빈치의 노트 자료 83번의 온라인 사본을 스캔한 것이다. editions.covecollective.org/content/da-vincis-rule-trees

102 강의 삼각주: Elizabeth Busey. Renaissance at Mossy River. 리노컷(리놀륨 판화)은 아래 주소에서 찾을 수 있다: https://elizabethbusey.com/renaissance-makes-its-debu/; 브로콜리: Shutterstockphoto#1060488929; 뉴런들: 소뇌 구조. 많이 접혀 있는 소뇌 단면의 착색된 광학현미경 사진. Licensed from alamy.com.

103 Douglas Martin, "Jane Jacobs, Urban Activist, Is Dead at 89," *New York Times*, April 25, 2006, www.nytimes.com/2006/04/25/books/jane-jacobs-urban-activist-is-dead-at-89.html.

104 Bill Steigerwald, "City Views," *Reason*, June 2001, https://reason.com/2001/06/01/city-views-2/.

105 Sandy Ikeda, "The Great Mind and Vision of Jane Jacobs," Foundation for Economic Education, September 1, 2006, https://fee.org/articles/jane-jacobs/.

106 Jane Jacobs, *The Economy of Cities* (New York: Vintage Books, 1970), 120–21.

6장: 우리 사이의 견해 차이

107 씨넷 포스터 "Friends Don't Let Friends Give Tech Advice"는 공동 창업자인 셸비 보니가 원본을 새롭게 만든 것이다.

108 Chuck McCutcheon and David Mark, "'Elections Have Consequences': Does Obama Regret Saying That Now?," *Christian Science Monitor*, November 21, 2014, www.csmonitor.com/USA/Politics/Politics-Voices/2014/1121/Elections-have-consequences-Does-Obama-regret-saying-that-now.

109 이 인용문은 전형적인 미 국무부 참 스쿨 발표자료 해설을 위한 가상 사례다.

110 Steven Erlanger, "American Ambassador Builds Diplomatic Bridges with British Teenagers," *New York Times*, November 10, 2015, www.nytimes.com/2015/11/11/world/europe/american-ambassador-builds-diplomatic-bridges-with-british-teenagers.html.

111 Theodore Roosevelt, "Citizenship in a Republic," (speech, the

Sorbonne, Paris, April 23, 1910), www.theodorerooseveltcenter.org/Learn-About-TR/TR-Encyclopedia/Culture-and-Society/Man-in-the-Arena.aspx.

112 '경기장에서' 연설과 관련해 이 문단에 참조된 사람은 네 명이다. 1. 매케인을 위한 오바마의 추도사는 다음을 참조하라. Nora Kelly Lee, "Barack Obama's Eulogy for John McCain," *Atlantic*, September 1, 2018, www.theatlantic.com/politics/archive/2018/09/barack-obama-eulogy-john-mccain/569065/; 2. 미국 해군사관학교의 필수 요건은 학교 웹사이트에 나와 있다. "Common Quandaries," www.usna.edu/TheLOG/faq.php (2022년 8월 현재 우리나라에서는 IP를 우회해서 이 사이트에 접속할 수 있다-옮긴이); 3. 브레네 브라운의 인용은 테드 토크와 넷플릭스 스페셜에서 찾아볼 수 있다. https://daretolead.brenebrown.com 그리고 https://brenebrown.com; 4. 르브론 제임스가 자신의 스니커에 이를 인용한 사실과 관련해서 다음을 참조하라. Victor Galvez, "LeBron James Wears Kicks with Quote 'Man in the Arena' on Them," Cavs Nation, March 2, 2018, https://cavsnation.com/cavs-news-lebron-james-wears-kicks-with-quote-man-in-the-arena-on-them/.

7장: 다른 종류의 아마도

113 회의 자료에서 나온 원본이 책에 넣기에는 해상도가 충분히 높지 않아, 친구인 셸비 보니가 새롭게 만든 로고 이미지이다.

114 Jeremy Bowers et al., "The Best Commencement Speeches, Ever," NPR, last updated July 2, 2015, https://apps.npr.org/commencement/.

115 Peter Baker, "When the President Decided to Sing 'Amazing Grace,'" *New York Times*, July 6, 2015, www.nytimes.com/politics/first-draft/2015/07/06/obamabaker/

참고 문헌

이 책에 사용된 수많은 자료의 출처가 된 엄청난 자원을 공동으로 창조했다는 점에서, 이름이 알려진 채 혹은 익명으로 위키피디아 커뮤니티에 기여한 사람들에게 감사의 마음을 전하고 싶다.

Allen, Danielle. *Our Declaration: A Reading of the Declaration of Independence in Defense of Equality*. New York: Liveright Publishing Corporation, 2014.

Barzun, Jacques. *A Stroll with William James*. Chicago: University of Chicago Press, 1984.

Cajete, Gregory. *Native Science: Natural Laws of Interdependence*. Santa Fe: Clear Light Publishers, 2000.

Evans, Philip, and Thomas S. Wurster. *Blown to Bits: How the New Economics of Information Transforms Strategy*. Cambridge, MA: Harvard Business School Press, 2000.

Follett, Mary Parker. *Freedom & Coordination: Lectures in Business Organization*, L.H. Urwick, ed., London: Pitman Publishing, 1949.

Frame, Michael, and Amelia Urry. *Fractal Worlds: Grown, Built, and Imagined*. New Haven: Yale University Press, 2016.

Govindarajan, Vijay, and Praveen Kopalle. "Encyclopedia Britannica (A)." Harvard Business School, Case No. 2-0007 (2001).

Green, Robert. *The 48 Laws of Power*. New York: Penguin Books, 1998. (로버트 그린·주스트 엘퍼스, 『권력의 법칙』, 안진환·이수경 옮김, 웅진지식하우스, 2009.)

Hamilton, Schuyler. *History of the National Flag of the United States of America*. Philadelphia: Lippincott, Grambo, 1852.

Hendricks, J. Edwin. *Charles Thomson and the Making of a New Nation, 1729–1824*. Madison, NJ: Fairleigh Dickinson University Press, 1979.

Hunt, Gaillard. *The Seal of the United States: How It Was Developed and Adopted*. Washington, DC: US Department of State, 1892.

Jacobs, Jane. *Vital Little Plans: The Short Works of Jane Jacobs*. Zipp, Samuel, and Nathan Storring, eds. New York: Random House, 2016. (제인 제이콥스, 『제인 제이콥스: 작은 계획의 힘』, 사무엘 지프·네이튼 스토링 편집, 김형진 옮김, 국토연구원, 2020.)

Metcalf, Henry C., and L. Urwick, eds. *Dynamic Administration: The Collected Papers of Mary Parker Follett*. Mansfield Centre, CT: Martino Publishing, 2013.

Moses, Robert. *Public Works: A Dangerous Trade*. New York: McGraw-Hill Inc., 1970.

O'Neil, Paul. "The U.S. Takes Off on Credit Cards." *Life Magazine*, March 1970.

Rayport, Jeffrey F., and Thomas A. Gerace. "Encyclopaedia Britannica (A)." Harvard Business School, Case No. 396-051, 1995. (Revised December 1997.)

Schlenther, Boyd Stanley. *Charles Thomson: A Patriot's Pursuit*. Newark: University of Delaware Press, 1990.

Slaughter, Anne Marie. *The Chess Board and the Web: Strategies of Connection in a Networked World*. New Haven: Yale University Press, 2017.

Smith, James Mitchell. *Undeceived: A Political History of the American Revolution as Inspired by Charles Thomson, Secretary of the Continental*

Congress,1774–1789. Vol. 1. Privately published, CreateSpace, 2016.

Waldrop, M. Mitchell. "The Trillion-Dollar Vision of Dee Hock." *Fast Company*, October 31, 1996.

Winant, John Gilbert. *A Letter from Grosvenor Square: An Account of a Stewardship*. London: Hodder & Stoughton, 1947.

지은이 **매슈 바전**Matthew Barzun

스웨덴과 영국 주재 미국 대사로 일한 외교관이자 사업가다. 2008년 당시 상원의원이었던 버락 오바마의 대통령 선거 캠페인에 자원하여 지지자를 중심으로 소액의 정치자금을 모금하는 활동을 이끌었으며, 2011년과 2012년에는 오바마의 재선 캠페인에서 국가재정위원장national finance chair으로 일했다. 1993년 씨넷CNET에 네 번째 직원으로 입사하여 11년 동안 최고전략책임자CSO 등 다양한 경영직을 역임했다. 현재 미국 켄터키주 루이빌에서 아내 브룩 브라운 바전 그리고 세 아이와 함께 지내고 있다.

옮긴이 **이희령**

이화여자대학교 영문과를 졸업하고 서강대학교와 미국 워싱턴대학교에서 경영학과 법학을 공부했다. 국내외 기업과 로펌에서 다양한 국제 거래 및 벤처캐피털, 경영 컨설팅 업무를 맡았으며 현재는 바른번역 소속 번역가로 활동 중이다. 옮긴 책으로는 『파이브 포스』, 『하버드 비즈니스 리뷰 경영 인사이트 BEST 11』, 『그들만의 채용 리그』, 『스토리셀링』 등이 있으며, 이코노미스트의 『세계대전망』 한국어판 번역에도 참여했다.

성공한 리더의 제1원칙
기빙 파워

펴낸날 초판 1쇄 2022년 9월 30일

지은이 매슈 바전

옮긴이 이희령

펴낸이 이주애, 홍영완

편집장 최혜리

편집1팀 강민우, 양혜영, 문주영

편집 박효주, 유승재, 박주희, 홍은비, 장종철, 김혜원, 김하영, 이소연, 이정미

디자인 윤신혜, 박아형, 김주연, 기조숙, 윤소정

마케팅 김예인, 최혜빈, 김태윤, 김미소, 정혜인, 김지윤

해외기획 정미현

경영지원 박소현

펴낸곳 (주)월북 출판등록 제 2006-000017호

주소 10881 경기도 파주시 회동길 337-20

홈페이지 willbookspub.com **전자우편** willbooks@naver.com

전화 031-955-3777 **팩스** 031-955-3778

블로그 blog.naver.com/willbooks **포스트** post.naver.com/willbooks

페이스북 @willbooks **트위터** @onwillbooks **인스타그램** @willbooks_pub

ISBN 979-11-5581-535-9 03320